Os Dez Mandamentos de Deus
&
O Sermão da Montanha
de Jesus de Nazaré

A palavra eterna,
o um Deus, o Espírito Livre,
fala por meio de Gabriele,
assim como por todos os profetas de Deus –
Abraão, Jó, Moisés, Elias, Isaias,
Jesus de Nazaré,
o Cristo de Deus

Os Dez Mandamentos de DEUS

através de Moisés,
interpretados com as palavras
dos tempos de hoje por meio da profetisa
e emissária de Deus, Gabriele

&

O Sermão da Montanha

de Jesus de Nazaré,
explicado, retificado e
aprofundado pelo próprio Cristo,
e revelado por meio da profetisa
e emissária de Deus, Gabriele

Casa Editorial
Gabriele

"Os Dez Mandamentos de Deus"
&
"O Sermão da Montanha
de Jesus de Nazaré"

1ª Edição Setembro 2022
© Gabriele-Verlag Das Wort GmbH
Max-Braun-Str. 2, 97828 Marktheidenfeld
www.gabriele-verlag.com
www.gabriele-publishing-house.com

Título original alemão:

„Die Zehn Gebote Gottes
&
Die Bergpredigt des Jesus von Nazareth"

A edição alemã é a obra de referência para todas
as questões sobre o significado do conteúdo.

Tradução autorizada por:
Gabriele-Verlag Das Wort GmbH

Todos os direitos reservados.

Todas as letras decorativas: © Gabriele-Verlag Das Wort

Pedido No. S182TBPTPOD

ISBN 978-3-96446-265-7

Índice

Os Dez Mandamentos de DEUS

tatravés de Moisés,
interpretados com as palavras
dos tempos de hoje
por meio da profetisa e
emissária de Deus, Gabriele

Índice

Os Dez Mandamentos de Deus interpretados com as palavras dos tempos de hoje

Prefácio

A letra só se torna viva se a pessoa começa a cumprir os mandamentos. Deste modo amadurece muito gradualmente para dentro da lei toda-abrangente de amor e de vida. Só quem cumpre as leis com o coração e no espírito de amor irá reconhecer a lei toda-abrangente e assim encontrar a verdade que está dentro da alma do ser humano.

Através de Moisés, Deus deu aos homens os Dez Mandamentos.

O espírito de Deus é a liberdade. O Espírito Livre, eterno, onipresente, chamado Deus no ocidente, é o Ser onipresente, a vida onipresente. Ele é a força do universo, a corrente nos poderosos sóis e planetas. Ele é a vida na Terra, em cada planta, em cada animal, em cada pedra e não por último, em cada ser humano e em cada alma. O Espírito Livre, onipresente, Deus, é, portanto, o poder universal em todo o infinito.

Os mandamentos de Deus através de Moisés verdadeiramente são um dom de amor e uma ajuda para a vida do Eterno aos Seus filhos humanos, extratos da lei eterna toda-abrangente do infinito. Sendo que tudo está contido em tudo no espírito do SER eterno, da vida eterna, em cada mandamento podemos encontrar o outro mandamento.

A nós seres humanos nos é dada a tarefa de cumprir na nossa vida terrena os mandamentos do Todo-Único, ou seja, de vivê-los – não só de conhecê-los ou de ler sobre eles. Os mandamentos de Deus não contêm nenhuma proibição, porque o Espírito Livre é a liberdade que diz: o ser humano é livre de aceitar as dicas de Deus e viver de acordo com elas ou de deixá-las.

Sendo que Deus não intervém na vida de uma pessoa, ela é responsável, ela mesma, pela sua vida, pelo conteúdo de tudo que sente, percepciona, pensa, fala e faz.

Os mandamentos de Deus são princípios da lei, extratos da lei eterna do Reino de Deus. Eles ajudam a pessoa que aspira cumpri-los de atingir uma ética e moral mais elevada, através da qual toda a pessoa se refina no seu pensar, falar e atuar. Quem seguir o caminho dos mandamentos de Deus, enobrece também os seus sentidos e desenvolve uma perspectiva da vida mais elevada. Ele reconhece que a natureza e os animais também fazem parte da unidade divina. Os mandamentos de Deus vividos, trazem liberdade e ganho de vida.

Os mandamentos de Deus são uma oferta de Deus, o Espírito Livre, para nós seres humanos, para que nós vivamos de acordo com eles e, atingindo uma ética e moral mais elevada, aprendamos a compreender o que a justiça, unidade, o amor a Deus e ao próximo significam. Na base deste cumprimento feito passo a passo, a pessoa aproxima-se da vida, que é o Espírito Livre universal: Deus, o Todo-Espírito em tudo.

No decurso do cumprimento passo a passo dos mandamentos de Deus, a pessoa não só vê mais profundamente, mas também vivencia em si que o Espírito Livre e onipresente também está dentro dela mesma.

Repetimos: A vida é Deus, o Espírito Livre, que é o único e o mesmo em todas as culturas de todo o mundo. O Espírito Livre em todas as culturas de todo o mundo é a multiplicidade e plenitude infinitas do SER. Cada mandamento de Deus é um portal para a plenitude de vida, porque Deus, o Espírito Livre, é a vida. Se nós nos submergimos nas profundezas da vida, nas raízes do SER, através do pensar e atuar correto, então descobrimos que cada mandamento contém uma multiplicidade do SER e está contido nos outros mandamentos como uma fonte de força. Com as palavras, "Espírito Livre", que denominamos de Deus no ocidente, não queremos dizer o "Deus" apresentado pelos padres e pastores ou ministros das igrejas.

Jesus de Nazaré foi como ser humano o filho de Deus e, como ser em Deus, Ele é o Corregente do Reino de Deus, o Cristo de Deus, Quem trouxe em Jesus de Nazaré a redenção a nós e o caminho de volta às moradas do Pai. Aquando Jesus de Nazaré, Ele ensinou aos seres humanos que o Pai eterno e Ele são um, que significa: um espírito, um amor, uma verdade, a verdade eterna, a lei eterna e infinita que nos torna livres. O espírito do Cristo de Deus está no Pai, e o Pai está no espírito do Cristo de Deus – um espírito, uma vida, uma verdade.

Há mais de 45 anos, que o Espírito Livre se revela, o espírito do Cristo de Deus, através de Sua profetisa, a Sua porta-voz, que também é a emissária dos céus, Gabriele. O Cristo de Deus, o Espírito Livre, não está vinculado a nenhuma religião exterior, pois – assim ensinou Jesus de Nazaré como também hoje o Cristo de Deus – cada pessoa é o templo de Deus e, portanto, não precisa de nenhum templo, de nenhuma igreja de pedras, para encontrar Deus, a eterna

Inteligência universal, o eterno Espírito, e para poder adorá-lo.

Hoje, o Cristo de Deus fala para dentro da Nova Era.

Deus, o Eterno, é inalterável. Ele é o mesmo, ontem, hoje e amanhã. O mesmo vale para os Dez Mandamentos de Deus através de Moisés. O Cristo de Deus, Quem se revela hoje, falou para dentro do coração de Sua profetisa e emissária de Deus, Gabriele, quem transmitiu nas suas palavras aquilo que é especialmente importante para a Nova Era, pois os deuses dos idólatras têm aumentado na sua multiplicidade.

Se nós cremos nos Dez Mandamentos de Deus e se nós também cremos em Jesus, o Cristo, nos Seus ensinamentos – e acima de tudo, no ensinamento celestial, o Sermão da Montanha de Jesus – se nos denominamos de cristãos ou cristãos originais, ou de seguidores de Jesus de Nazaré, então ao mesmo tempo, nos obrigamos automaticamente de cumprir tudo aquilo com o qual nos identificamos.

Uma coisa temos de esclarecer: o cumprimento daquilo que o Eterno nos deu nos Dez Mandamentos e que Jesus de Nazaré nos deu nos Seus ensinamentos e no Sermão da Montanha, não tem nada a ver com os regulamentos das instituições eclesiásticas e suas decisões.

Eu sou o Senhor teu Deus.
Não deves ter outros deuses
diante de Mim.

O Deus de Abraão, de Isaque e de Jacó, o Deus através de Moisés, através de todos os profetas de Deus, é o Espírito Livre, é a lei eterna, o amor a Deus e o amor ao próximo.

Deus, o Espírito Livre, é a força do Criador em tudo. Igual para onde nós seres humanos vamos, para onde olhemos – em tudo está o Espírito eternamente prevalecente. Em cada pessoa – ou seja, em nós, na nossa alma – está o Espírito da verdade, o Espírito Livre. Este Espírito nos toca em cada célula do corpo e através da nossa respiração. Tudo o que está ao nosso redor, aquilo que vemos e não vemos, porta o Espírito, Deus, que é a vida.

No mais profundo de sua alma, o ser humano é divino, mas não é Deus. O ser divino existe eternamente, porque foi contemplado e criado por Deus, o seu Pai celestial. O ser puro é também denominado de ser espiritual.

A palavra de Deus, o mandamento através de Moisés, nos ensinou: *"Não deves ter outros deuses diante de Mim"*. Quais são os outros deuses, ou seja, os ídolos, e quantos deuses idólatras adicionais tem a pessoa criado para si nos tempos de hoje, pelos quais muitos se deixam levar, aos quais adoram? É o dinheiro, a técnica avançada, o vício de divertimento, o vício pelo deleite, pelo jogo, a pretensão de poder, os desejos extremos, a luxúria, a paixão extrema, e muito mais. Cada vício tem a sua figura idólatra correspondente, que hoje em dia muitas pessoas em todo o mundo adoram, assim por dizer. Pessoas adoram outras pessoas ou as honram, acreditando que são chamadas por Deus – ou que lhes foi transmitido assim – para guiá-las e forçadamente ensiná-las, e assim as vincular a si. Muitas pessoas prestam tributo aos deuses, aos ídolos, também aos chamados de alto nível, que se deixam ser honrados pelo povo.

O Reino de Deus é sete-dimensional, assim como também a lei eterna toda-abrangente, Deus.

Nós seres humano recebemos os extratos da lei eterna sete-dimensional de Deus através de Moisés para o nosso mundo tridimensional, os Dez Mandamentos de Deus. Os mandamentos de Deus vividos poderiam ser uma ajuda para compreender a vida toda-abrangente de Deus. Somente através do seu cumprimento passo a passo, é que o ser humano atinge uma ética e moral mais elevada, e somente neste caminho pode expandir a sua consciência, que então vê mais profunda e extensamente.

Sendo o Reino de Deus sete-dimensional, não devemos fazer nenhuma imagem do Reino de Deus, dos céus, e nem daquilo que está sobre, dentro, e acima da Terra. Tomemos as palavras de Jesus de Nazaré a sério, que nos ensinou de acordo com o seguinte: *"O espírito de Deus está em você e você é o templo do espírito santo"*. Imagens adoradas – por exemplo, estátuas ou imagens de santos – gravam-se na nossa alma como imagens tridimensionais. Quando a hora vier, na qual o corpo, o invólucro da alma, falece, então a alma entra nos âmbitos do além. Dentro e sobre a alma estão pegadas as imagens tridimensionais, que não se assemelham à vida sete-dimensional. Chegará o momento no qual a alma vai ter que reconhecer que estas gravações – as imagens tridimensionais que ela adorou enquanto ser humano – não correspondem à vida eterna sete-dimensional.

Nós seres humanos não podemos imaginar o Reino de Deus, e tampouco podemos fazer uma imagem dos mundos puros espirituais, e também não dos seres espirituais, que denominamos de anjos, nem de Deus, o nosso Pai eterno, que também chamamos do Deus-Pai--Mãe e adoramos no "Pai Nosso"; e tampouco de Cristo, o Corregente do Reino de Deus. Imagens e estátuas correspondem somente ao nosso mundo de imaginação humana. É por isso que não devemos adorar nenhuma imagem.

Tão pouco devemos adorar o cadáver de Jesus na cruz. O Seu espírito está ressuscitado e Ele está sentado à direita do Pai eterno como o Filho de Deus, o Corregente do Reino de Deus. O Filho de Deus, o Corregente do Reino de Deus, é o Redentor de todas as almas e de todos os seres humanos. Ele é o caminho, a verdade e a vida, e Ele, Cristo, nos conduz ao eterno Pai no Reino eterno sete-dimensional. A cruz sem o corpo, como símbolo do Seu ato Redentor, é a guia ao Reino de Deus, da paz, da unidade e da liberdade.

Como já lemos, o Espírito Livre eterno é a vida onipresente e assim, em cada animal, em todas as plantas – ou seja, na natureza, no mineral e em cada pedra. Em cada gota de água está a vida. Tudo em todo é a unidade, e a unidade em Deus é a vida imperecível. E nós seres humanos somos, respectivamente, só o invólucro da vida eterna. No mais profundo da nossa alma pertencemos ao Reino de Deus. Assim como o corpo físico é somente o invólucro da vida verdadeira, assim também cada forma de vida na natureza terrena – cada animal, cada planta, cada árvore, cada arbusto, cada pedra – só é o invólucro da vida. A vida, o poder do Criador, palpita em tudo e em todos; é o Espírito Livre, a lei eterna do amor a Deus e ao próximo. Em tudo que vemos e não percebemos, a vida eterna, toda-abrangente, está ativa. A matéria, o tridimensional, é o invólucro, é somente o reflexo da criação de Deus, na qual pulsa a vida sete-dimensional.

O Segundo Mandamento de Deus

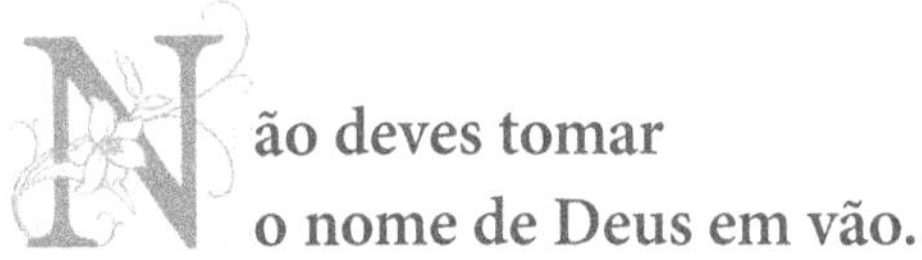

ão deves tomar
o nome de Deus em vão.

Através de que tomamos nós seres humanos o nome de Deus em vão? Por exemplo, quando maldizemos em Seu nome, quando xingamos desonradamente ou chamamos de forma leviana, "ó Deus, ó Deus", sem prestar conta de que estamos usando o nome de Deus sem tê-lo em mente. Ou quando usamos palavras de cumprimento ou despedida como "adeus", que incluem a palavra Deus sem realizar que estamos nos referindo à Inteligência Absoluta.

Em muitas conversas as palavras "ó Senhor", "ó Deus" são exprimidas. O que pensamos quando fazemos isto? Na maioria das vezes, são só palavras ocas, clichés. Todavia, como sabemos hoje, tudo é energia. Disto se pode deduzir o seguinte: Para cada palavra que sai da nossa boca, somos nós mesmos responsáveis, não Deus.

Cada pessoa que toma o nome de Deus em vão, abusa o Seu nome, e com isso, desperdiça energia, através do qual ela se castiga a si mesma. De acordo com a lei "ação traz reação" nós mesmos somos responsáveis pelo nosso pensar, falar e atuar – e não o Todo-Poderoso.

Cristo nos encomendou de questionar os nossos pensamentos e as nossas palavras estando cientes do seguinte: Que estamos pensando e falando? O nosso comportamento está de acordo com aquilo que exprimimos, por exemplo, "adeus", ou "ó Deus, ó Deus!"? Tudo é energia. Assim, a pergunta surge: Será que Deus nos castiga quando ofendemos contra a nossa própria energia, sendo que esta inclui a nossa vida terrena? Não, nós mesmos nos castigamos, quando diminuímos a nossa força vital, a nossa energia.

De vez em quando ouvimos: "Graças a Deus consegui fazer isto ou aquilo, ou não aconteceu nada!" Somos realmente agradecidos a Deus, ou só é – dito levianamente – um cliché, uma figura de retórica? Infelizmente, somente nos casos mais raros tomamos tais situações a sério e como razão para pensar sobre nós mesmos, sobre o nosso comportamento, sobre a nossa vida e não por menos, sobre a semente que semeamos no campo da nossa alma – consciente ou inconsciente e imprudentemente – com os nossos pensamentos e as nossas palavras.

Nós devemos sempre mais frequentemente tornarmo-nos conscientes de que a nossa semente brotará em algum momento. E depois? Quem crer em "ação traz reação", em semear e colher, em causa e efeito, a ele lhe tornará claro que o Eterno – a Quem denominamos Deus no ocidente – não castiga. Portanto, Ele também não nos força, pois os Seus mandamentos dizem sem exceção "não deves" e não "você tem que". Especialmente os mandamentos são ofertas, são indicações de orientação. O ser humano é livre para pensar, falar, atuar, tal como prefere. Sendo que somos livres, somos também responsáveis por todas as nossas obras, por tudo que diariamente sentimos, percebemos, pensamos, falamos e fazemos.

Nós seres humanos devemos diferenciar entre "você tem que" e "nós temos que".

"Você tem que" é pessoal, é pensado e falado diretamente à pessoa, e assim, é contra a liberdade que provém de Deus, na qual é: "você deve". Por outro lado, as palavras "nós temos que" são impessoais, porque são ditos de forma geral e não tem a ver com ninguém pessoalmente, a não ser que seja uma ordem. Então isso já entra no pessoal e tira a liberdade do outro. Disto sai a conclusão vinculativa: "divide, ata e domina"!

Deus, o Eterno, apenas oferece da Sua lei celeste, os mandamentos através de Moisés. Em conexão com o ensinamento de Jesus de Nazaré – sobretudo, o Sermão da Montanha – são o caminho ao Reino de Deus.

Cristo é o Corregente do Reino de Deus. O Seu nome, Cristo, também é desonrado, ou seja, abusado, em alguns partidos políticos. O nome do Todo-Poderoso Deus e de Seu Filho não tem nada a ver com a política. Perguntemo-nos: Será que talvez deva ser usado como porta-

-estandarte para enganar as pessoas? Quem quiser examinar a fala de muitas pessoas – também nos assim-chamados partidos cristãos – e no final das contas, também o seu próprio modo de conduta, que leia aquilo que Jesus nos recomendou no Sermão da Montanha como critério para reconhecer a diferença. Ele nos ensinou entre outras coisas: *"Por seus frutos os conhecereis"*.

Quem respeitar os Dez Mandamentos de Deus e os ensinamentos de Jesus de Nazaré, também irá reconhecer e compreender, até que ponto o nome do Altíssimo e o nome de Jesus, o Cristo, são abusados nos chamados partidos cristãos, nas comunidades, igrejas e coisas parecidas. Cada pessoa tem de responder por aquilo que ela professa ou ao qual se adere, perante a lei do infinito, perante Deus e perante si mesma. Isto também vale se sabe de uma injustiça e fica silenciosa e além disso, quando ainda faz parte de uma destas associações.

Nas instituições eclesiásticas se fala de um Deus que castiga. De acordo com a lei do livre arbítrio, nós castigamos a nós mesmos quando sabemos dos mandamentos de Deus e os rejeitamos. A lei do infinito é o amor a Deus e ao próximo. Esta lei contém a liberdade. Aquele que segue as regras eclesiásticas onde se diz "você tem que", quem crer no castigo eterno, ou seja, na condenação, ainda não tem refletido sobre o abuso dos mandamentos de Deus e dos ensinamentos de Jesus de Nazaré.

Nós seres humanos somos sempre de novo incentivados pelo Eterno, o Espírito Livre, de aprender a compreender o sentido das palavras, também em termos dos mandamentos de Deus. As palavras humanas são meros invólucros, como o ser humano mesmo só é o invólucro da vida verdadeira, o invólucro de sua alma. Palavras humanas também são invólucros, como uma casca; o conteúdo é o aspecto determinante.

Somente quando nós seres humanos estamos dispostos a encontrar a verdade nos mandamentos de Deus e nas palavras do Cristo de

Deus através da sua aplicação na vida diária é que vivenciamos o Espírito Livre, que não força e não castiga.

Quão frequentemente ouvimos ou lemos sobre o semear e colher, sobre causa e efeito, sobre ação traz reação.

Como tantos outros, um antigo ditado popular é indiferentemente falado, sem olhar mais profundamente, por exemplo, *"quem não quer ouvir, terá que sentir"*. Quem não quer dar atenção às indicações do Eterno, segue o seu próprio caminho. Esta pessoa não poderá responsabilizar outros, muito menos o Espírito Livre, chamado Deus no ocidente, pelos tropeços que ela mesma coloca no seu caminho, certos conteúdos dos seus sentimentos, pensamentos e na sua fala. Quando em algum momento a pessoa cai sobre o seu próprio obstáculo, o tropeço colocado ali por ela, então na maioria dos casos ela acusa Deus por isto. O antigo ditado popular é também tão pouco observado como a lei *"Aquilo que o homem semear, colherá"*. – Assim, quem não quer ouvir, terá que sentir.

Aquele que chega a sentir as suas próprias gravações, os seus próprios tropeços, deveria tornar-se consciente de que é a rejeição dos mandamentos e dos ensinamentos de Jesus de Nazaré, das incontáveis ajudas e mãos estendidas do Espírito Livre, Deus. As preocupações e necessidades, o sofrimento e muito mais não são a vontade do Eterno, senão que a descarga do pensar e comportar irracional da pessoa. Se a pessoa vir a sentir as algemas nos pés, na maioria, ela não as atribui a si mesma, senão pergunta: "Porque Deus permite isso?" Em vez disso, ela deveria muito mais perguntar: "Ó, porque permito que isso me aconteça?"

Deveríamos sobretudo tornarmo-nos conscientes de uma coisa: A responsabilidade em termos do conteúdo do nosso sentir, do nosso pensar, falar e atuar, está somente em nós mesmos. Muitos poderiam dizer: "Mas isso não tem nada a ver com a liberdade. Deus deveria nos ajudar e apoiar, Deus deveria nos proteger!" – O Eterno por certo nos apoia. Ele nos ajuda e protege. Mas quando nós não queremos, quando nós desdenhamos a Sua mão, dando as costas aos mandamentos de Deus e aos ensinamentos de Jesus de Nazaré, então será como em uma família onde o pai diz à sua filha, ao seu filho: "Cuidado. Não faça isso, pois tem consequências". A filha ou o filho talvez pensem: "Ah, o que o pai diz – os tempos de hoje são diferentes; eu farei como eu quero". Apesar das palavras admoestadoras do pai: "Não faça isso, pois tem consequências", talvez a filha ou o filho pensem: "Para que? Que tipo de consequências?" Eventualmente podem dizer desafiados, até irados: "Pois então, aceitamos que assim seja!" E o que talvez diga o pai? "Não os posso atar às minhas palavras admoestadoras. Vocês têm a liberdade de o fazer, mas cada um de vocês vai ter que suportar aquilo que resulta disto".

É similar com Deus, o nosso Pai celestial: Quando a pessoa não quer, mesmo sabendo dos mandamentos de Deus através de Moisés e dos ensinamentos de Jesus de Nazaré e diz: "E daí?! Isto não me interessa; nós estamos em outros tempos; eu faço o que quero", então Deus não a forçará a nada e tampouco a castigará, pois, a pessoa tem a liberdade, porque Deus, o Eterno, deu a todos os seres e pessoas a liberdade como herança inerente. O eterno espírito, Deus, e o Seu Filho, Jesus, o Cristo, reconciliam, perdoam e apoiam, então, quando nós o queremos, quando nós nos dirigimos ao único livre, onipresente espírito e atendemos o que Ele nos ofereceu: os extratos da eterna lei de amor a Deus e ao próximo, os Dez Mandamentos, e Jesus de Nazaré, o ensinamento celestial, sobretudo, o Sermão da Montanha.

Perguntemo-nos: De que deve Deus, o Eterno, nos proteger – talvez daquilo que nós mesmos, desafiados e auto-engrandecentes, causamos? Perguntemo-nos: Se Deus atuasse assim, de hoje para amanhã, seríamos nós diferentes pessoas – mais alertas em relação ao nosso pensar e comportar, que no futuro deixam o que não é bom no seu comportamento e que leva a dissensões – ou continuaríamos com aquilo que preferimos?

eves santificar o sábado.

O empregado de hoje tem de cumprir as condições de sua empresa respectiva, assim que, em princípio, não se pode dizer que o sétimo dia tem de ser o dia de descanso. Para as pessoas que, por exemplo, trabalham por turnos, ou pessoas que trabalham na gastronomia, em muitos casos, o sétimo dia não é dia de descanso.

Nenhuma pessoa está excluída da lei eterna, do amor a Deus e ao próximo, que contém a liberdade. Não importa que dia livre seja, nós seres humanos devemos dar alguns minutos de reflexão para pensar sobre os dias que passaram. O que foi bom, o que foi menos bom ou até mal? De tudo podemos deduzir algumas coisas ou podemos discernir algo de conversas, especialmente quando o nosso nível de sentimentos nos chama a atenção, seja algo positivo ou em sentido contrário. Também ajuda muito, se temos a chamada sensação apreensível, quando aplicamos a palavrinha "porque", dirigida a nós mesmos.

A palavrinha "porque" pode decifrar muitas coisas, talvez aquilo que no transcurso das horas ou dias passados já esquecemos ou até reprimimos. Também podemos refletir de que em nós, uma força positiva e poderosa atua, que nós seres humanos no ocidente denominamos Deus e que nos quer apoiar.

Se agora pensamentos quiserem te mandar em busca de uma capela ou de uma igreja para ali orar, então leia o que Jesus de Nazaré ensinou a nós. Por um lado, Ele nos ensinou de que cada pessoa é o templo de Deus e que Deus habita na alma da pessoa. Por outro lado, Ele nos ensinou o seguinte em termos da oração: *"Mas tu, quando orares, entra no teu aposento e, fechando a porta, ora a teu Pai que está em secreto; e teu Pai, que vê em secreto, te recompensará"*.

Você, nós, todas as pessoas são livres de orar, de pensar e agir, assim como cada um de nós prefere. Todavia há uma coisa que não deveríamos descuidar: Que nós mesmos somos responsáveis pelo nosso fazer e deixar de fazer, por todo o nosso comportamento.

O Quarto Mandamento de Deus

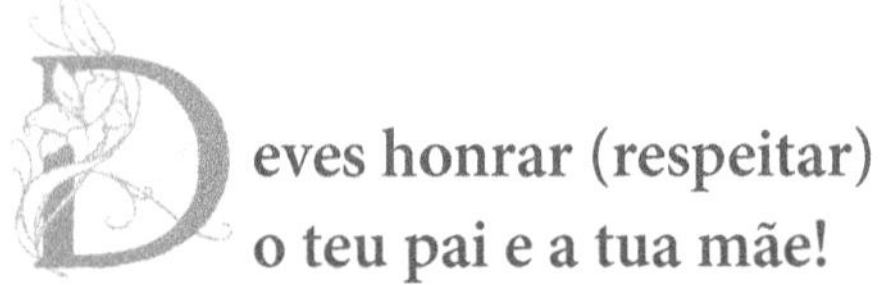eves honrar (respeitar)
o teu pai e a tua mãe!

As pessoas nos tempos de hoje frequentemente dão a honra a si mesmas. E pessoas honram outras pessoas. Por exemplo, pessoas são honradas, as quais contribuem na sociedade com resultado de pesquisas consideráveis ou que são elevadas a uma posição social mais alta por pessoas colocadas em postos no governo e Estado. Nos nossos tempos, por exemplo, atletas de alto nível, atores e outros artistas, como também aqueles que exibem o seu luxo e a sua riqueza, são todos admirados e honrados. Também as crianças, os filhos e filhas, devem honrar pai e mãe. Portanto, devemos honrar as pessoas.

Perante Deus, nós seres humanos somos todos iguais, irmãos e irmãs, filhos de um Pai que está nos céus, assim como Jesus de Nazaré ensinou. Ele, por exemplo, falou da seguinte maneira às pessoas que ensinavam o povo em nome do Eterno:

"Vós, porém, não queirais ser chamados Rabi, porque um só é o vosso Mestre, a saber, o Cristo, e todos vós sois irmãos. E a ninguém na terra chameis vosso pai, porque um só é o vosso Pai, o qual está nos céus. ... O maior dentre vós será vosso servo. E o que a si mesmo se exaltar será humilhado; e o que a si mesmo se humilhar será exaltado".

Não importa que título a pessoa adquira ou com que dignidade ela se adorne – perante a face de Deus ela é igual ao próximo sem títulos e dignidades; isto também vale para as pessoas cujos filhos ou filhas na Terra nós somos. A palavra de Deus é a lei eterna, ela é a vida verdadeira. Entre outros, podemos ler o seguinte: *"Levai as cargas uns dos outros"*, o que implica, um ajuda ao outro.

Apresentar-se como honroso ou deixar que outros honrem a si não está previsto na lei

eterna e universal de igualdade, liberdade e unidade. O amor a Deus e ao próximo contém o
respeito ao próximo, que nós seres humanos devemos nos respeitar mutuamente e dar a Deus
a honra, o Espírito onipresente que é a vida em
tudo e em todos, respeitando a Sua criação, da
qual os seres humanos, os animais, a natureza e
a Mãe Terra fazem parte. Só aquele que respeitar
a vida honra Deus. Quem destruir a vida, des-
preza Deus.

O Quinto Mandamento de Deus

 ão deves matar.

Especialmente o quinto mandamento é muito diversificado, pois os círculos eclesiásticos institucionais transformaram matar na palavra "assassinar". De acordo com a declaração de hoje, podemos, por exemplo, matar nas guerras; por outro lado, o homicídio premeditado é assassínio. Se examinamos de perto a palavra "guerra" de acordo com a declaração de Jesus de Nazaré, então lemos o que Jesus nos ensinou, por exemplo: *"...todos os que lançarem mão da espada, à espada morrerão".*

Jesus de Nazaré era um pacifista inveterado. Ele ensinou a pacificidade. Jesus de Nazaré foi uma pessoa da paz e o Príncipe da paz dos céus. Quem transformar a palavra "matar" ao "assassinar" e assim atenuá-la, é, no final das contas, a favor de guerra e contra o ensinamento de Jesus de Nazaré. Perante Deus, perante o Pai celestial, sobre quem Jesus nos deu uma melhor compreensão, somos todos irmãos e irmãs que receberam de Deus, o seu Pai celestial, a vida, a vida eterna. Nós seres humanos respiramos porque a vida, que é a força Todo-Poderosa, flui na nossa respiração. Quem tem o direito, ou quem toma o direito para si, de tirar do seu irmão, de sua irmã, a respiração?

Jesus de Nazaré nos ensinou que nós seres humanos não temos o direito de matar uma pessoa. Isto também vale para o matar deliberado de um animal e de uma planta na sua seiva. Nós seres humanos somos chamados a respeitar, a amar e apreciar a Terra com tudo que está em cima dela, dentro dela e sobre ela, pois a vida está em tudo, e isto é o Espírito Livre todo-prevalecente, que unicamente é a vida em tudo e em todos.

Especialmente a humanidade de hoje está muito longe da verdade eterna que nós denominamos Deus no Ocidente. Infelizmente, muitos poucos pensam sobre o fato de que Ele é o espírito poderoso do infinito, o Criador, cuja força vital em tudo prevalece. Sejam os universos, os poderosos sóis e planetas ou o animal mais pequeno na Terra – tudo porta a vida do espírito eterno, o Criador de todo o SER. Assim, quem tem o direito de intervir na vida que é eterna? Quem deu vida? A vida é a propriedade de quem? O ser humano, o animal, toda a natureza têm o direito de viver, e isso, até a sua existência terrena verter. Assim, cada pessoa, todo o reino da natureza, tem o direito de existir como substância grossa por tanto tempo, até que chegue a sua hora, na qual ela retorna como forma de vida espiritual para o seio da vida eterna.

O ser humano de hoje, na maioria desrespeita a lei da semente e colheita – aquilo que o ser humano semeia, colherá. Se olharmos mais profundamente no nosso mundo de arrogância e exploração das pessoas e da natureza, então vivenciamos que a semente má não só amadurece, mas já está brotando, ou seja, está entrando nos seus efeitos. Mas quem se preocupa com isso? Um pensa mais, o outro menos: "Eu sou o meu melhor amigo. Isso não toca a mim". Porém, isso toca a todos nós, pois carregamos a vida e também a nossa liberdade, através da qual a lei da Queda surgiu que diz: Aquilo que o ser humano semear, colherá.

Assim que, matar deliberadamente – seja na guerra ou seja como agricultor ou silvicultor ou caçador – nenhum tem o direito de matar intencionalmente. Quem matar intencionalmente, ou seja, de propósito, é contra a lei da vida, e assim, contra o Deus Criador. O ponto final para cada um é: O que semeias, colherás algum dia, pois a alma de cada pessoa vive eternamente. Um dia a alma irá às esferas do mais além e terá que aguentar aquilo que a pessoa semeou.

O Sexto Mandamento de Deus

ão deves cometer adultério.

O adultério é uma quebra de confiança, de fidelidade. Na maioria dos casos, casamentos são feitos por uma confiança mútua. Se a mulher ou o marido anular a confiança, preferindo o corpo de uma outra mulher ou ela de um outro homem, esta pessoa quebrou a promessa de fidelidade mútua.

O nosso tempo parece que não só é mais rápido, mas também em relação à fidelidade tem-se em conta esta aparência, no pensamento de que temos de gozar a vida. Também em termos do matrimônio e parceiros, a marcha rápida das coisas serve de inspiração, pois hoje promove-se a fidelidade – e amanhã as coisas parecem totalmente diferentes.

Em muitas corporações e empresas é semelhante. Conclui-se um contrato no qual o conteúdo é a confiança pela empresa. Mas quando se trata do benefício próprio, se houver além disto maquinações e manipulações na empresa envolvida, então o contrato de trabalho é muitas vezes apenas papel desperdiçado.

Onde quer que se olhe, o tempo de hoje, o mundo de hoje, tornou-se num culto sacrificial. Em muitos casos, o matrimônio e a parceria são sacrificados por uma amizade de curta duração. Seja a mulher com criança ou sem, não importa – o tempo aparentemente rápido exige seu preço. Se é adultério, a traição mesma, ou mesmo a quebra de confiança – já não tem mais importância, sacrifica-se o próximo, sacrifica-se a assinatura contratual. As formas do culto sacrificial são múltiplas. A vida de hoje pode ser comparada com um jogo de dados. Hoje o número um é o único ou o confiável – amanhã, provavelmente já é o número três, cinco ou até mesmo o seis o confiável ou desejável.

E assim alguns pensam: "O que se quer aqui com os mandamentos de Deus, que foram atribuídos aos homens da idade da pedra há milhares de anos?" Sinceramente: não é este um pensamento semelhante de muitos discípulos do tempo rápido que acreditam que tem que se viver hoje, e seja à custa de outros, mesmo à custa do sofrimento e da dor daqueles que foram deixados para trás e que têm de padecer?

Não importa quantas perversões achamos normais e por isso nem sentimos vergonha – Deus, o Eterno, é imutável. Ele é o mesmo ontem, hoje e será amanhã também. Sua eterna lei cósmica é absoluta, é o presente. Se no sexto mandamento de Deus diz: *"Não deves cometer adultério"*, então isso significa, entre outras coisas: "Você tem de manter a sua promessa", que tem a ver com a fidelidade honrosa, igual a confiança honrosa, seja no matrimônio, na parceria, em corporações, em empresas e coisas semelhantes. Assim como o ser humano de ontem na chamada idade da pedra deve medir o seu pensar e falar, todo o seu comportamento, com os mandamentos de Deus, o mesmo é válido para hoje, na chamada era tecnológica, que o ser humano chama de idade de iluminação.

Matrimônio, parceria e promessa contratual devem também hoje ser levados pela honestidade, transparência, lealdade, retidão e confiança. Qualquer um que leva a sério os mandamentos de Deus, e desde há dois mil anos, os ensinamentos de Jesus de Nazaré, o Cristo de Deus, e os cumpre passo a passo, este alcança uma visão ampla, uma visão compreensiva e pode medir, por exemplo, quem ele tem como ser humano à sua frente, e a quem pode dar confiança. Pois o sexto mandamento diz, *"Não deves cometer adultério"*.

Rompimento permanece rompimento. O que foi consertado não está mais inteiro. Portanto, verifique primeiro a si mesmo antes de fazer o injusto, antes de deixar romper algo. Ou seja, devemos pensar primeiro antes de destruir algo, porque reparar o quebrado custa muitas vezes muito mais tempo, e o que está cimentado está cimentado – não se torna mais em algo inteiro. Tantas coisas que se desfizeram, podem encontrar seu eco justo na lei de semente e colheita *"O que você semeia, você colherá"*.

ão deves roubar.

A palavra "roubar" poderia ser dividida em duas categorias. A primeira categoria poderia ser chamada de assalto, e a segunda, roubo. Quão rápido é dito: "Mas, mas, eu não roubo". Será que nós podemos afirmar categoricamente isto se sabemos que tudo é energia e o nosso tempo é um fator de energia?

Quem é um ladrão? Por exemplo, podemos definir como ladrão a pessoa que roubou dinheiro e bens. Outra poderia ser descrita como o ladrão que rouba dos seus semelhantes o tempo, por exemplo, tendo longas conversas inúteis com um monte de rodeios e não vai direto ao ponto; ou ela se entrega na "conversa fiada" e não chega a um fim; ou se uma pessoa exige da outra aquilo que ela mesma poderia ter feito; ou quando um briga com o outro, pois ambos querem ter razão e ninguém quer conceder ao outro o seu mínimo de validade fatual.

O desperdício de tempo igual a desperdício de energia acontece em muitas situações e em muitas variações, as quais não podem ser listadas todas aqui. Tudo isto e muito mais é o esgotamento de energia, onde um rouba mais ou menos a energia do outro. Cada um de nós certamente poderia trazer uma série de exemplos quando se trata de o que é equivalente a assalto ou roubo.

Mas não se trata de mais conhecimentos sobre as formas de roubar, senão se trata de cada um de nós pessoalmente, com a pergunta: Quando infrinjo eu, quando infringimos nós o mandamento *"Não deves roubar"*?

O Oitavo Mandamento de Deus

Não deves dar
falso testemunho contra
o teu próximo.

Dar falso testemunho significa falar mentiras sobre uma outra pessoa, perante o juízo fazer afirmações inverídicas e fazer declarações falsas sobre outros. Falar a gosto do seu próximo, para lisonjeá-lo, confirmá-lo em sua conduta, mas também pensar de forma diferente de como falamos, é também mentira e vai contra o oitavo mandamento.

A alegação de que a nossa opinião é a verdade, também é atribuída a esta categoria. Uma opinião sempre significa que não sabemos com certeza. Nossa opinião, o que nós consideramos como verdade, geralmente é uma parte do nosso processo de pensamento, um padrão de pensamento, algo que nós refletimos e que parece lógico para nós. Em seguida, declaramos ser a nossa opinião. No entanto, como uma opinião é testemunha de não saber, pode ser falsa. Isso pode ser interpretado como um falso testemunho.

Dar falso testemunho também poderia ser rumores falsos que espalhamos para atingir um determinado objetivo. Com os rumores podemos culpar os outros. Também isto vai contra o oitavo mandamento.

Assim, não devemos dar falso testemunho sobre nossos semelhantes, mas pensar mais sobre nós mesmos, se temos controle sobre os nossos pensamentos e palavras, porque o que sai de nós é energia e em qualquer momento volta para nós – se falamos ou estamos falando a verdade ou a não verdade. Quem exige valores morais, deve perguntar-se a si mesmo antes de falar: "Será que o que eu quero dizer, é a verdade? Ou seria falso testemunho contra o meu próximo?"

Se fizermos o esforço de pensar sobre o oitavo mandamento, sobre o dar falso testemunho, e que tudo é energia, inclusive nossos pensamentos, então nós seres humanos temos de tornar-nos cientes de que todos, cada um, somos fiadores por tudo que parte de nós, seja energia de pensamento, palavra ou energia de ação. Podemos garantir que o que dizemos é a verdade? Portanto, devemos ser o mecanismo de controle sobre nós mesmos, a balança.

Devemos ter mais e mais clareza sobre o fato de que tudo é energia, e que toda energia que parte de nós, seja positiva ou negativa, volta para nós. Dar um testemunho falso conscientemente podemos chamar de mentira.

O Nono Mandamento de Deus

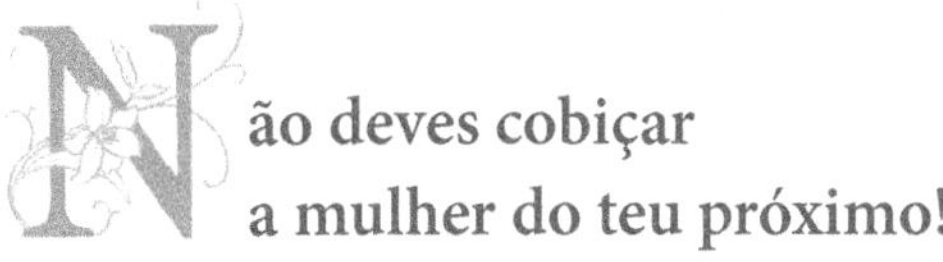 ão deves cobiçar
a mulher do teu próximo!

A palavra cobiçar contém o anseio, o desejo de posse, o desejo de tomar aquilo que desejo para vê-lo como a minha posse. O "meu" e "para mim", o querer possuir para si pode ser decifrado com a palavra "cobiça". Quando realizamos a nossa cobiça, então de acordo com o nono mandamento, a mulher é a propriedade daquele que a adquiriu pelo desejo, e em sentido figurado, pode então ser dito: ela, a mulher, se tornou escrava daquele que a cobiçou de acordo com a sua vontade e conscientemente.

O mesmo pode ser aplicado para o homem ou, até a uma criança que, por exemplo, é desejada, ou seja, abusada, para fins sexuais. Quando um homem deseja uma mulher ou uma mulher um homem, ou um homem até mesmo a uma criança, então, se faz automaticamente a pergunta: para quê? Como já foi dito, o anseio é principalmente relacionado ao corpo, segundo ao qual surgem dependências múltiplas, a escravidão moderna. Se a "escrava" ou "escravo" – até ao abuso infantil compulsivo – foi gozado até o fim, e, portanto, não é mais de interesse, então muitas vezes se espalha no ser abandonado a amargura, o vazio, o ser jogado fora e o ser aproveitado.

A criança, que foi despojada de sua inocência, muitas vezes permanece para trás vazia, queimada, física e mentalmente. Deste acontecimento ocorre frequentemente o ódio e, talvez, até mesmo o desejo de vingança.

E quem desejar uma criança e abusar dela, seria melhor se ele não tivesse nascido. De forma drástica, Jesus disse: *"Aquele que fizer tropeçar um destes pequeninos que creem em mim, melhor lhe fora que se lhe pendurasse ao pescoço uma pedra de moinho, e se submergisse na profundeza do mar"*.

A palavra "cobiçar" tem outros aspectos, tais como a caça furtiva de chamados funcionários peritos de corporações e empresas para incorporar o seu "know-how" ou para espionar segredos comerciais, sempre tratando-se de prestígio e dinheiro. Isso também pode ser descrito em um sentido figurado, como o tráfico de escravos. Poderíamos descrever ainda muitos exemplos incontáveis. No entanto, uma coisa que deve ser notado é que o desejo, a avidez, tem muitas diferentes facetas.

Em todo o caso, que seja dito: Quem se deixa comprar e cai na cobiça, no ser cobiçado, se torna num escravo moderno, que se rende ao seu comprador, e com isto não é livre e não permanecerá livre até que ele se dá conta de qual seria o primeiro passo para a liberdade. Isso seria:

Mantenha-se fiel a si mesmo!

O segundo passo poderia ser: Preste atenção às redes de caça que são armadas. O terceiro passo seria: Não se deixe ser aliciado – esforça-se, conseguindo uma boa formação perita, específica, que lhe traz alegria e com a qual você ganha o seu salário. Pois cada bom trabalhador merece o seu salário. O quarto passo poderia ser: Preste atenção na lisonja, que precede o cobiçar e a cobiça. Pergunte a si mesmo: E se o trem da cobiça já partiu –, então quem é você? Possivelmente um vagão queimado que não sabe muito bem em que trilhos se encontra ...

O Décimo Mandamento de Deus

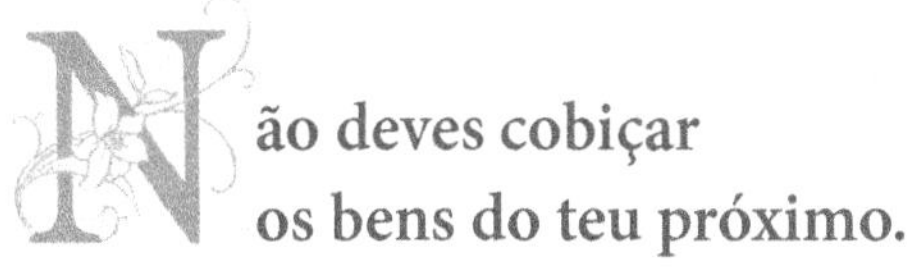

ão deves cobiçar
os bens do teu próximo.

O décimo mandamento de Deus por meio de Moisés nos faz olhar mais profundamente quando observarmos a nossa Terra que Deus deu a todos os seres humanos, para que possa alimentar Seus filhos humanos.

O que o homem fez do planeta Terra? Em última análise, uma ilha de parcelas. Quem herdou ou adquiriu dinheiro e bens, tem um correspondente grande pedaço da Terra, uma grande parcela, o que ele chama de sua propriedade. Outro tem apenas um pequeno pedaço deste grande dividido bolo Terra. Ainda outro não tem nenhuma propriedade, e ele é um trabalhador que ganha o seu pão e o de sua família. A partir deste salário ele, sua esposa e filhos vivem mais ou menos.

O grande proprietário das parcela, o grande capitalista, deixa na sua propriedade parcela, a sua parcela ilha, os chamados trabalhadores e empregados trabalharem. Ele mesmo vive excelentemente bem e desfruta, no final, através do trabalho de outras pessoas – o "meu" e "para mim", que é a sua vida. Ele não precisa ganhar seu pão de cada dia como os trabalhadores, os empregados, os outros fazem isso por ele. Daí, os trabalhadores, os funcionários, recebem seu salário, e o proprietário, seu capital que investe em conformidade, de modo a aumentar a sua "propriedade".

Que essa desigualdade crescente leva a inveja, ódio, ganância e afins, não deve ser descartada uma vez que no nosso tempo os ricos ficam sempre mais ricos e os pobres sempre mais pobres.

Quanto mais claro ressoa hoje aos nossos ouvidos, o décimo mandamento de Deus. Mesmo Jesus de Nazaré disse: *"Mais fácil um camelo passar pelo fundo de uma agulha do que um rico entrar no Reino de Deus".* Esta declaração pode ser relacionada com a subdivisão do planeta Terra. As palavras de Jesus são menos ouvidas pelos ricos do que antigamente, quando o coração pesava mais na bancada de testes pessoal e as obras de amor ao próximo eram medidas. Hoje, todo mundo é ele mesmo o seu próximo.

Mas o que importava ontem, ainda conta hoje. Ninguém pode levar o seu dinheiro e bens ao mais além. Assim como o rico antigamente, assim continua hoje. Nenhum pode passar pelo chamado fundo da agulha, porque o reino dos céus para os ricos ainda está longe. Onde, então, estará a sua pobre alma se a riqueza não contar mais? A lei da semente e colheita vai criar o equilíbrio. Por isso, não vale a pena cobiçar os bens do próximo. Em qualquer caso: O planeta Terra é de Deus e não a obra dos vícios egoístas humanos!

Quem entender os Dez Mandamentos de Deus através de Moisés de acordo com o seu sentido, este reconhece: Sem a palavra de Deus vivida, a pessoa vagueia perdida a cada dia; não

sabe quem ela é e por que ela vive como ser humano no temporal.

O Sermão da Montanha

de Jesus de Nazaré,
explicado, retificado e
aprofundado pelo próprio Cristo,
e revelado por meio da profetisa
e emissária de Deus,
Gabriele

Índice

esus de Nazaré deu à humanidade o Sermão da Montanha há quase dois mil anos. Podemos tomar da Bíblia partes essenciais deste ensinamento. (Mt. 5-7). O Sermão da Montanha contém a essência do ensinamento de Jesus – afirmações essenciais para uma vida de acordo com as leis de Deus, indicações de como lidar com o nosso semelhante, com os animais e a natureza. Quem põem em prática este ensinamento em sua vida diária, irá muito em breve perceber que a sua vida se transforma, que se torna mais pacífica e positiva.

Líderes eclesiásticos e políticos do mundo assim chamado de "cristão" afirmam pelo contrário, que estes ensinamentos seriam uma utopia, não sendo possível praticá-los.

Portanto, Jesus de Nazaré era um utópico?
Ou era Ele o realista que poderia nos mostrar a saída do labirinto do ego humano?

Cristo, o Filho de Deus, andou nesta Terra como Jesus de Nazaré. Seu espírito Redentor vive e atua em cada um de nós desde o "Está Consumado" no Calvário. Nos últimos dois mil anos, Ele falou repetidamente pela boca de profetas. Hoje, neste poderoso tempo de mudança radical, Ele revela-se novamente por meio de Sua profetisa. Ele explica e aprofunda Seus ensinamentos, que Ele deu à humanidade sendo Jesus de Nazaré. Isto também é feito na Sua grande obra de revelação "Esta é a Minha Palavra. A e Ω. O Evangelho de Jesus. A revelação de Cristo, que os verdadeiros cristãos em todo o mundo, entretanto, conhecem".

Este livro contém um extrato de esta obra histórica que vai muito além do conteúdo da Bíblia. Nos dá uma poderosa visão global daquilo que foi, daquilo que é e daquilo que será. Nesta revelação, Cristo também dá para a humanidade dicas abrangentes para uma vida verdadeiramente espiritual de acordo com as leis divinas. Com isso, as Suas palavras se cumprem nesta obra que Ele como Jesus de Nazaré disse: *"Ainda tenho muito que vos dizer..."* (Jo. 16:12) Baseando-se em "O Evangelho de Jesus", um texto evangélico não-bíblico já existente, Cristo descreve neste livro "Esta é a Minha Palavra", a Sua vida e atividade como Jesus de Nazaré. Ele especialmente nos mostra *como*, nos dias de hoje, nós podemos viver de acordo com as leis de Deus, de acordo com os Dez Mandamentos e o Sermão da Montanha, e nos dá uma prévisão do futuro no Seu Reino de Paz na Terra.

O Sermão da Montanha de Jesus contém a essência do caminho ao interior, que Cristo ensina hoje através de Sua palavra profética em todos os níveis e detalhes. O Caminho Interior é o caminho do autoconhecimento e superação dos erros humanos por amor a Deus.

Aqueles que seguem com sucesso esse caminho que leva à abnegação, igualdade, liberdade, unidade, fraternidade e justiça recebem forças para cumprir o Sermão da Montanha e os Dez Mandamentos cada vez mais em suas vidas cotidianas – também na sua profissão e na atividade econômica.

Este livro gostaria de dar a todas as pessoas que buscam uma compreensão do Sermão da Montanha de Jesus – não apenas as partes registradas na Bíblia, mas o discurso com explicações e aprofundamentos que Cristo deu à humanidade hoje por meio de Sua palavra profética. Além disso, este livro deve dar ao leitor insight na profundidade da obra de revelação, "Esta é a Minha Palavra. A e Ω. O Evangelho de Jesus. A revelação de Cristo, que os verdadeiros cristãos em todo o mundo, entretanto, conhecem".

Nesta obra, Cristo se baseia no livro "O Evangelho de Jesus. O que aconteceu há 2000 anos atrás?" Sendo que aí muita coisa foi transmitida de forma incompleta e às vezes incorretamente, Cristo explica e corrige este texto hoje. Aquelas passagens nas quais Cristo não entra em mais detalhes concordam essencialmente com a verdade de Sua vida e atividade como Jesus de Nazaré. Além disso, Cristo aprofunda e estende os relatórios importantes no "Evangelho de

Jesus". Portanto, na obra total de "Esta é a Minha Palavra", a humanidade agora é dada toda a verdade, todos os aspectos significativos da vida de Jesus e de Seu ensinamento.

No livro "Esta é a Minha Palavra" um ou mais versículos do "Evangelho de Jesus" são seguidos pelas palavras com as quais Cristo explica, corrige e aprofunda essas seções em 1989. Esta estrutura foi também mantida nestes extratos aqui. Os títulos foram usados para estruturar o texto e torná-lo mais claro.

Este livro também contém os Doze Mandamentos de Jesus que Cristo agora novamente deu à humanidade na Sua obra de revelação "Esta é a Minha Palavra" (Cap. 46:7-21). São essencialmente os Dez Mandamentos que Deus revelou através de Moisés, as quais Jesus de Nazaré estendeu para o Seu Reino da Paz em formação na Terra.

Para o leitor que deseja realizar os mandamentos do Sermão da Montanha de Jesus em sua vida, também serão importantes as seguintes informações: Após o conteúdo completo de Seu Sermão da Montanha e após a revelação do caminho para Deus no mais íntimo de cada ser humano, Cristo nos revelou o mais elevado em 1991, a Lei Absoluta, em Sua obra, "Os Grandes Ensinamentos Cósmicos de Jesus de Nazaré a Seus apóstolos e discípulos que pudessem compreendê-los. A vida das pessoas verdadeiramente preenchidas por Deus". É a lei dos céus dada como uma ajuda adicional a todos aqueles que se propuseram a tornar-se puros de coração novamente, cumprindo as leis de Deus.

Deus deu e dá. Ele não pergunta se as pessoas reconhecem a Sua palavra, a palavra de Deus, e vivem de acordo com ela. Todos podem verificar e se decidir. Quem puder compreender, que compreenda.

Casa Editorial Gabriele

As Bem-aventuranças

E Jesus, vendo a multidão, subiu uma montanha, e, assentando-se, aproximaram-se dele os doze, e, erguendo os olhos para os seus discípulos disse:

Bem-aventurados em espírito são os pobres, pois deles é o reino dos céus. Bem-aventurados os que sofrem, pois eles serão consolados. Bem-aventurados os mansos, porque eles possuirão a terra. Bem-aventurados os que têm fome e sede de justiça, porque eles serão fartos.

Bem-aventurados os misericordiosos, pois eles alcançarão misericórdia. Bem-aventurados os puros de coração, pois eles verão a Deus. Bem-aventurados os pacificadores, porque eles serão chamados filhos de Deus. Bem-aventurados os que sofrem perseguição por causa da justiça, pois deles é o Reino de Deus.

De fato, bem-aventurados sois vós, quando os homens vos odiarem, quando vos excluírem da companhia deles e vos injuriarem, e banirem o vosso nome como mal, por causa do Filho do

Homem. Regozijai-vos nesse dia e exultai; pois eis que é grande o vosso galardão no céu, porque assim faziam os seus pais aos profetas. (Cap. 25: 1-4)

Cristo, explica, retifica
e aprofunda a palavra:

O Sermão da Montanha é o Caminho Interior ao coração de Deus que conduz à perfeição.

Os bem-aventurados verão a Cristo e em toda mansidão e humildade possuirão a Terra Comigo, o Cristo. Feliz aquele que vê a glória do Deus-Pai-Mãe em tudo! Ele tornou-se num exemplo vivo para muitos.

Eu conduzo os Meus ao conhecimento da verdade.

Quem provém da verdade, ouve a Minha voz, porque ele é a verdade e por isso também ouve e vê a verdade.

Os bem-aventurados são destemidos e alegres, porque veem e ouvem aquilo que aqueles não veem nem ouvem, e que ainda se escondem detrás do seu ego humano, mantendo o mesmo com o máximo esforço para não serem reconhecidos.

Contudo, os bem-aventurados olham para dentro do cárcere do ego humano e reconhecem os pensamentos mais ocultos dos seus semelhantes. Eles iluminam ali para dentro com a força da sua consciência luminosa e chamam aos seus semelhantes:

"Bem-aventurados em espírito são os pobres, pois deles é o reino dos céus!"

As palavras "os pobres" não se referem à pobreza material. Não é esta que traz a bem-aventurança no espírito, mas sim a devoção a Deus, a partir da qual o ser humano cumpre a vontade de Deus. É a riqueza interior.

As palavras "os pobres", referem-se a todos os que não aspiram a posses pessoais nem acumulam bens. O seu pensar e o seu esforço são dirigidos à vida em comunidade, administrando legitimamente os bens que Deus deu a todos. Eles não ambicionam nem se esforçam por possuírem coisas mundanas. Servem o bem comum e elevam os seus braços a Deus e seguem conscientemente o caminho para a vida interior. A sua meta é o Reino de Deus no seu interior, o qual querem anunciar e levar a todas as pessoas de boa vontade. A sua riqueza interior é a vida em Deus, por Deus e pelo seu próximo. Eles vivem o mandamento "Ore e trabalhe".

Eles se esforçam em direção ao espírito de Deus e recebem de Deus o que necessitam para a sua vida terrena, e mais ainda. Esses são os bem-aventurados no espírito de Deus.

"Bem-aventurados os que sofrem, pois serão consolados."

O sofrimento do ser humano não vem de Deus, senão que a pessoa que sofre o causou ela mesma – ou no reino das almas, a sua alma assumiu uma parte da culpa da alma do seu irmão ou da sua irmã, para expiar por ela na sua existência na Terra, a fim de que a alma do seu irmão ou irmã possa entrar nos âmbitos mais elevados da vida interior.

Quem aguenta o seu sofrimento, sem culpar o seu próximo, e reconhece os seus erros e fraquezas no sofrimento, se arrepende, pede perdão e perdoa – a este será concedido a misericórdia de Deus. Pois Deus, o Eterno, deseja consolar os Seus filhos e tirar deles o que não é bom e benéfico para a sua alma. Pois quando o sofrimento abandona a alma, portanto, quando as causas que foram ativas na alma são solvidas, a pessoa se encontra mais perto de Deus.

"Os que sofrem" significa: Não se queixe; não acuse a Deus, nem o seu próximo. Encontre no seu sofrimento a sua conduta pecaminosa que conduziu a este sofrimento.

Arrependa-se, perdoe e peça perdão e não volte mais a fazer o pecado que reconheceu. Então a culpa da alma pode ser solvida por Deus, e você recebe d'Ele mais força, amor e sabedoria.

Se encontrar uma pessoa sofrendo e dolorosamente afligida e se esta pedir ajuda, apoie-a e ajude-a, tanto quanto for possível e for bom para a sua alma. E se você reconhece que o seu próximo aceita agradecido a sua ajuda e se reconstitui com ela, então dá-lhe mais ainda se for possível para você.

Mas você que está levando ajuda, faça-o abnegadamente. Se o fizer só por obrigação exterior, não irá receber recompensa espiritual – e não fará nenhum serviço à alma da pessoa que sofre e é dolorosamente afligida, mas somente ao corpo, o veículo da alma.

"Bem-aventurados os mansos, pois eles possuirão a terra."

Mansidão, humildade, amor e bondade vão de mãos dadas. Quem se tornou em amor abnegado, é também manso, humilde e bondoso. Está cheio de sabedoria e força.

Pessoas no Meu espírito, os que amam abnegadamente, possuirão a Terra. Ó vejam, o caminho para o coração de Deus é o caminho ao coração do amor abnegado. Do amor abnegado flui a paz de Deus.

As pessoas que caminham para o coração de Deus e aqueles que já vivem em Deus, atuam para a Nova Era, ensinando o caminho a Deus a todas as pessoas de boa vontade. Deste modo, tomam cada vez mais posse da Terra no Meu espírito.

"Bem-aventurados os que têm fome e sede de justiça, pois eles devem ser fartos."

Quem tem fome e sede da justiça de Deus, é um buscador da verdade que anseia pela vida em Deus e com Deus. Ele deve ser saciado.

Meu irmão, Minha irmã, você que anseia pela justiça, pela vida em Deus e com Deus, seja consolado e eleve-se do ego humano pecaminoso! Alegre-se, pois o tempo alvoreceu no qual o Reino de Deus se aproxima das pessoas que se esforçam por cumprir os mandamentos de vida.

Veja, Eu, o seu Redentor, Sou a verdade em você mesmo. Portanto, em você mesmo, Eu Sou o caminho, a verdade e a vida.

A verdade é a lei de amor e de vida. Nos Dez Mandamentos, os quais são extratos da lei toda-abrangente de Deus, você encontra os preceitos para o caminho em direção da verdade. Guarde os Dez Mandamentos e chegará cada vez mais ao caminho do Sermão da Montanha, no qual o caminho para a verdade está explicado de forma fundamental.

O caminho para a verdade é o caminho para o coração de Deus, para a vida eterna que é o amor abnegado. O Sermão da Montanha é o caminho para o Reino de Deus, para as leis do Reino da Paz de Jesus Cristo. Se você se aprofundar nelas e as cumprir, então você atinge a sabedoria divina.

Reconheça: Ninguém deve ter fome ou sede de justiça. Dê o primeiro passo para o reino de amor, sendo primeiro justo para consigo mesmo. Pratique a vida e o pensar positivos e pouco a pouco você irá se tornar numa pessoa justa. Então você trará a justiça de Deus a este mundo; e também representará a mesma, porque você cumpre a vontade de Deus, do Senhor, a partir do Seu amor e sabedoria.

Reconheça: O tempo está próximo, no qual acontecerá o que foi revelado. O leão estará deitado ao lado do cordeiro, porque os seres humanos conseguiram a vitória sobre si mesmos – através de Mim, seu Redentor. Eles formarão uma grande família em Deus e viverão em unidade com todos os animais e com toda a natureza.

Alegrem-se, o Reino de Deus aproximou-se – e com o Reino de Deus também Eu, seu Redentor e o portador de paz, o soberano do Reino da Paz, do Reino mundial de Jesus Cristo.

"Bem-aventurados os misericordiosos, pois eles alcançarão a misericórdia."

A Misericórdia de Deus corresponde à mansidão e à bondade de Deus e é o portal para a perfeição da vida para todos as almas. As pessoas que, através de Mim, o Cristo, que vivo no Deus-Pai-Mãe, desenvolveram nas suas almas todas as sete forças básicas da vida – a lei da Ordem até a Misericórdia – entrarão novamente pelo portal da Misericórdia no Amor abnegado, no Reino de Deus, nos céus, como seres espirituais puros, e viverão em paz. O portal para o

SER eterno forma a sétima força básica, a Misericórdia – no espírito de Deus é chamada bondade e mansidão. Todos os seres humanos que praticam a misericórdia, atingirão também Misericórdia e apoiarão aqueles que se encontram no caminho para a Misericórdia.

Reconheçam: O caminho para o coração de Deus é o caminho de cada indivíduo na comunidade com pessoas afins. Pois Deus é unidade, e unidade em Deus é comunidade em Deus e com Deus e com o próximo.

Quem deu os primeiros passos no caminho para a perfeição, cumprirá o mandamento da unidade: Um por todos, Cristo – e todos por Um, Cristo.

O Sermão da Montanha é, como foi revelado, o caminho de evolução para a vida interior. Todos aqueles que estão adiantados neste caminho de desenvolvimento para o coração de Deus ajudam, por sua vez, aqueles que ainda se encontram no início do caminho. Cristo, quem Eu Sou, brilha em todos e sobre todos.

"Bem-aventurados os puros de coração, pois eles verão a Deus."

O coração puro é a alma pura que se elevou novamente para ser um ser espiritual absoluto através de Mim, o Cristo no Deus-Pai-Mãe.

As almas puras que voltaram a ser seres dos céus, voltam então a ser à imagem do Pai eterno e contemplam o Eterno novamente, face a face. Eles veem, vivem e percebem ao mesmo tempo, a lei do Pai eterno, porque se tornaram novamente em espírito do Seu espírito – a própria lei eterna.

Enquanto o ser humano e a alma tiverem que estar à escuta do espírito de Deus em si, não são ainda espírito do Seu espírito, e nem ainda a lei de amor e de vida, eles mesmos.

No entanto, quem se tornou novamente na lei de amor e de vida, contempla o Pai eterno de face a face e está com Ele em contínua e consciente comunicação. Ele também vê a lei de Deus, a vida a partir de Deus, como totalidade, porque ele mesmo é a vida e o amor, e se move neles. Quem move-se na Lei Absoluta de Deus, também a desenvolveu completamente – da Ordem até a Misericórdia. É servido por todas as sete forças básicas da infinidade, porque está em absoluta unidade e harmonia com todo o SER.

"Bem-aventurados os pacificadores, pois serão chamados filhos de Deus."

De acordo com o seu sentido, estas palavras significam: Bem-aventurados os que mantêm a paz. Também trarão a verdadeira paz a esta Terra, porque eles mesmos se tornaram pacíficos. Eles são conscientemente os filhos de Deus.

"Bem-aventurados os que sofrem perseguição por causa da justiça, pois deles é o Reino de Deus."

Reconheçam: Quem Me seguia, não era respeitado pelos mundanosos, porque também Eu, como Jesus, fui menosprezado por eles. Em todos os tempos, as pessoas que entraram no verdadeiro seguimento do Nazareno tiveram que suportar e sofrer muito.

As Lamentações

Mas ai de vós, ricos! Pois já tendes a vossa consolação nesta vida. Ai de vós, os que estais fartos, porque tereis fome. Ai de vós, os que agora rides, porque vos lamentareis e chorareis. Ai de vós quando todos os homens falarem bem de vós, porque assim faziam os vossos pais aos falsos profetas. (Cap. 25: 5)

Cristo explica, retifica
e aprofunda a palavra:

"Mas ai de vós, ricos! Pois já tendes a vossa consolação nesta vida."

Seres humanos que veem a sua riqueza como sua propriedade, são pobres em espírito. Muitos dos ricos de bens terrenos receberam no berço a sua tarefa espiritual para a sua vida terrena de serem um exemplo para aqueles ricos que se vinculam a sua riqueza com coração obstinado e intransigente, e cujo único pensamento e ambição é multiplicar a mesma para si mesmos.

Uma pessoa que é rica de bens terrenos e reconheceu que a sua riqueza é uma dádiva que recebeu de Deus apenas para a aplicar no Grande Todo, para o bem de todos e para a administrar aí corretamente para todos – essa cumpre a lei da igualdade, liberdade, unidade e fraternidade. Ela contribui como doadora abnegada para que os pobres não vivam na privação e os ricos no luxo.

Deste modo, é formado pouco a pouco um equilíbrio, uma classe média alta para todos os que estão prontos a cumprir abnegadamente a lei "Ore e trabalhe". Assim, vai crescendo pouco a pouco a verdadeira humanidade de uma comunidade cujos membros não juntam riquezas terrenas pessoais, mas sim consideram tudo como propriedade comum que lhes foi dada por Deus.

Se um rico considera o dinheiro e os bens como seus e tem prestígio no mundo por causa da sua riqueza viverá – como efeito das suas causas – numa próxima vida terrena em países pobres e mendigará lá o pão que ele, outrora como rico, negou aos pobres. Isto acontecerá por tanto tempo quanto tais encarnações ainda forem possíveis.

A alma de um tal rico também não terá sossego nos planos de purificação. As almas pobres de luz que, por sua causa, tiveram que passar fome e sofrimento em traje terreno, o reconhecerão como aquele que lhes negou aquilo que os podia ter ajudado a sair dos emaranhamentos do ego humano. Muitos o irão acusar, e a sua própria alma sentirá então como estes sofreram e passaram fome. Deste modo, uma alma que foi em traje terreno um ser humano rico e prestigiado, pode sofrer grande necessidade. Esta necessidade é muito maior do que se tivesse tido que mendigar pão em traje terreno.

Reconheçam: Segundo as leis do Eterno, cada pessoa que cumpre abnegadamente o mandamento "Ore e trabalhe", lhe cabe o mesmo, porque Deus dá a cada uma o que ela necessita e além disso. No entanto, enquanto nem todos os seres humanos ainda cumprirem este mandamento,

existirá na Terra os chamados ricos. A sua tarefa
é de repartir as suas riquezas acumuladas e viver
tal como aqueles que cumprem abnegadamente
o mandamento "Ore e trabalhe". Se deste modo,
eles deixarem de pensar no seu bem-estar, mas
sim no bem-estar de todos, então a riqueza interior torna-se pouco a pouco visível no exterior, e
nenhuma pessoa passará fome ou sofrerá falta.

Ai de vocês, os ricos, que chamam o seu dinheiro e bens de seu, e fazem o seu próximo trabalhar, para que a sua própria fortuna se multi-
plique! Eu lhes digo: Vocês não verão o trono de
Deus, mas continuarão a viver onde estão os pés
de Deus – na Terra, sempre de novo em vestes
terrenas enquanto isto ainda for possível. Mesmo que vocês fomentem serviços sociais e, contudo, sejam muito mais ricos que aqueles que
são ajudados por estes serviços, vocês continuam, no entanto, sujeitos à servidão do satanás
dos sentidos, o qual quer as diferenças entre pobres e ricos.

Através destas diferenças surgem o poder e
a submissão, a inveja e o ódio. Disso surgem

discórdias e guerras. Portanto, aqueles que se agarram à sua riqueza, mesmo que de vez em quando pensem de forma social, servem ao satanás dos sentidos e agem contra a lei de vida: contra a igualdade, liberdade, unidade e fraternidade.

Quem considera dinheiro e bens como seu, e os acumula para si mesmo em vez de deixar fluir estas energias materiais, é, segundo a lei de vida, um ladrão, porque nega ao seu próximo uma parte da sua herança espiritual. Pois tudo é energia. Quem a vincula através do "meu e para mim", age contra a lei que é energia fluente.

"Ai de vós, os que estais fartos, porque tereis fome."

A pessoa rica e farta que enche só o "seu" celeiro, tem um coração vazio. Só conhece o meu e teu. Os seus sentidos e pensamentos giram em torno de "minha" propriedade, os "meus" bens, o "meu" pão, o "meu" alimento. "Tudo isto pertence a mim" – este é o seu mundo. Uma tal pessoa passará fome um dia e sofrerá necessidade até que ela compreenda: Tudo é o SER; tudo pertence a Deus e a todas as pessoas que se esforçam por fazer as obras de Deus: por cumprir o amor abnegado e a lei de vida para a Terra, "Ore e trabalhe".

Pessoas que só falam do meu e teu são pessoas pobres de luz que já nesta encarnação preparam mais um caminho na Terra ou uma longa jornada da sua alma no reino das almas – nos dois casos, em vestes de mendigo.

A alma deslumbrada pela matéria tem inconscientemente fome de luz, porque é pobre de luz. Compulsivamente, tenta compensar isto com coisas exteriores, como riquezas terrenas, avidez, gula, alcoolismo ou outros vícios e prazeres. Ela é insaciável.

"Ai de vós, os que agora rides, porque vos lamentareis e chorareis."

Quem ri e troça do seu próximo será um dia muito triste e chorará sobre si mesmo – porque desconheceu aqueles dos quais caçoou e dos quais fez troça. Terá que reconhecer que no final das contas, riu, escarneceu e troçou de si mesmo. Porque quem julga e condena o seu próximo, ri, escarnece e faz troça dele, é quem julga, condena, ri, escarnece e faz troça de Mim, o Cristo.

Reconheçam: Quem pecar contra o mais pequenino dos Meus irmãos, peca contra a lei de vida e terá que sofrer por isso. Ao mesmo tempo, ele vinculou-se àqueles que menosprezou. Por isso, tenham cautela e pratiquem o autocontrole. Não é o que entra pela boca que contamina a sua alma, mas sim o que sai da sua boca; isso é o que pesa sobre a alma e a pessoa.

"Ai de vós quando todos os homens falarem bem de vós, porque assim faziam os vossos pais aos falsos profetas."

Quando vocês falam ao gosto dos seus semelhantes, para que os elogiem e sejam bem-vistos por eles, então vocês são como os falsificadores que pagam com moedas falsas para a sua própria vantagem.

O mesmo acontecia e acontece com os falsos profetas. Eles eram e são bem-vistos pelo povo, porque falaram ao gosto do povo e porque eram apoiados pelos prestigiados do povo, sendo que contavam com um benefício e proveito pessoal através disso.

Reconheçam, vocês pessoas no Reino da Paz: No mundo pecaminoso, houve muitos profetas justos e também homens e mulheres iluminados que foram difamados e perseguidos, e muitos deles torturados e mortos pelos ricos da Terra e pelos poderosos deste mundo, pelos líderes das igrejas e pelos seus adeptos. Em todos os tempos, o satânico usou como instrumento aqueles que queriam manter e multiplicar a sua riqueza terrena, que aspiravam por poder, e também aqueles que estavam submissos aos ricos e aos poderosos.

Vocês têm que ter conhecimento disto para que entendam porque é que o antigo mundo pecaminoso pereceu de maneira tão cruel.

Falsos profetas eram, entre outros, também aqueles que, de fato, pregavam o evangelho de amor, mas não viviam de acordo com ele. E eram também todos aqueles que se denominavam de "cristãos", mas que na sua vida se comportavam de maneira não cristã. Muitas vezes foram louvados pela sua retórica e honrados e elogiados pela sua riqueza e prestígio.

Ó vejam, contudo, todos os verdadeiros profetas e iluminados contribuíram no decorrer dos tempos para que o cristal da vida interior brilhasse e luzisse cada vez mais com as suas muitas facetas da eterna verdade. Deste modo, foi-se edificando muito gradualmente o Reino de Deus na Terra.

Queridos irmãos e irmãs no Reino da Paz, vocês têm que cuidar, conservar, guardar e manter esse cristal agora perfeito, cintilante e luzente, a vida interior, como uma flor preciosa. É a lei do Amor e da Sabedoria de Deus, a Sua Ordem, a Sua Vontade, a Sua Sabedoria, a Sua Retidão, a Sua Bondade, a Sua irradiação de Amor infinita e a Sua Mansidão.

Vocês são o sal da Terra

ós sois o sal da terra, pois cada sacrifício deve ser salgado com sal; e se o sal for insípido, com que se há de salgar? Para nada mais presta senão para ser lançado fora, e ser pisado pelos homens. (Cap. 25: 6)

Cristo, explica, retifica
e aprofunda a palavra:

Os justos são o sal da Terra.

Eles sempre voltarão a chamar a atenção para o estado deplorável deste mundo e a pôr o dedo na ferida do pecado. Pois aconteceu e acontece muito mal neste mundo ainda pecaminoso – e muitas pessoas foram vítimas por causa do evangelho.

Os justos que foram vítimas, serão reabilitados por homens e mulheres justos, porque tudo deverá ser manifestado pelo sal da Terra. Agora no tempo da mudança radical do antigo mundo pecaminoso para a Nova Era, a Era de Luz, os justos trarão a injustiça à luz e deixarão que seja manifestada, para que aqueles que fizeram a injustiça se reconheçam a si mesmos e façam penitência.

No entanto, tomem cuidado vocês, os justos, que são o sal da Terra, de não perderem o sabor; portanto, permaneçam na justiça e não se deixem desencaminhar. Pois quem é que há de trazer justiça a este mundo, e quem deve chamar a atenção para os males e os pecados que os seres humanos criaram? Só aqueles que conhecem o Meu nome e estão escritos no livro do cordeiro.

Quem já não é mais o sal da Terra vai parar no meio daqueles que abusaram e abusam do Meu nome para os seus fins, e perseguiram, difamaram e mataram os justos.

Se o sal da Terra perder sabor e a pessoa desdenha o seu próximo, então sucumbirá às suas próprias causas. Falando em sentido figurativo: pisoteará a si mesmo. As suas causas não

expiadas provocam então doença, padecimento
e sofrimento. A alma pobre de luz sofrerá necessidade e sentirá no seu próprio corpo de alma o
que causou ao seu próximo.

Vocês são a luz do mundo

ós sois a luz do mundo. Não se pode escon-
der uma cidade edificada sobre um mon-
te. Nem se acende uma lâmpada para colocá-la
debaixo do alqueire, mas no velador, e dá luz a
todos os que estão na casa. Assim resplandeça a
vossa luz diante dos homens, para que vejam as
vossas boas obras e glorifiquem ao vosso Pai, que
está nos céus. (Cap. 25:7)

Cristo explica, retifica
e aprofunda a palavra:

Eu Sou a luz do mundo.

Cada vez mais corações se inflamaram na Minha luz nesta poderosa viragem dos tempos. Os seres humanos reconheceram a eterna verdade nas Minhas palavras. Cada vez mais pessoas seguiram o Caminho Interior e aceitaram o presente da vida, os ensinamentos e as lições da eterna verdade para se aproximarem de Deus, do SER eterno.

Muitos homens e mulheres tornaram-se em Meus fiéis, porque cumpriram a vontade de Deus. Tornaram-se irmãos no Meu espírito e tornaram-se pioneiros para a Nova Era, que estabeleceram o alicerce do Reino de Deus na Terra, e começaram a construir sobre o mesmo.

ão cuideis que vim destruir a lei ou os profetas; não vim revogar, mas cumprir. Porque em verdade vos digo que, até que o céu e a terra passem, nem um jota ou um til se omitirá da lei e dos profetas, até que tudo seja cumprido. Mas eis que está aqui quem é maior que Moisés, e ele vos dará a lei superior, ou seja, a lei perfeita, e a essa lei obedecereis. (Cap. 25: 8)

Cristo explica, retifica
e aprofunda a palavra:

Aquando Jesus de Nazaré, ensinei aos homens e às mulheres que Me seguiram e a todos os que Me escutaram, partes da lei perfeita, da Lei Absoluta. Expliquei-lhes também que a Lei Absoluta de amor irradia para dentro da lei de semente e colheita, uma vez que o espírito é onipresente, atuando também na lei de semente e colheita, na lei da Queda.

Através de Mim como Jesus de Nazaré, o Cristo encarnado, e através de todos os outros verdadeiros profetas de Deus, o Eterno instruiu e advertiu os Seus filhos nos planos imperfeitos, que a lei da Queda, a lei de semente e colheita, está constantemente ativa. Quem não reconsiderar e der a volta a tempo, terá que aguentar os efeitos das suas causas. O Eterno tinha e tem o empenho de conduzir, também no tempo atual, os Seus filhos humanos e todas as almas ao Seu coração, até a lei do amor eterno, antes que a colheita – os efeitos das causas ocasionadas por eles – venha sobre eles. O Eterno guiou e guia-lhes ao autorreconhecimento através de Mim, Cristo. Ele deu e dá-lhes a força para purificarem os pecados e os erros que reconheceram e reconhecem.

O Cristo que Eu Sou veio a esta Terra, a este mundo, em Jesus de Nazaré como Filho do Homem para ensinar aos seres humanos a lei eterna e vivê-la como exemplo, a fim de que eles reconhecessem o caminho ao Pai eterno e cumprissem a Sua lei – e assim, poderem entrar novamente nas moradas eternas, as quais Ele tem preparadas para todos os Seus filhos.

As pessoas que Me seguiram durante o Meu tempo terreno e realizaram as leis eternas foram os Meus verdadeiros seguidores.

Nas gerações que se seguiram houve então cristianismo e pseudocristianismo: os verdadeiros seguidores que de livre vontade seguiram a Mim, o Cristo, cumprindo as leis do Sermão da Montanha – e os pseudocristãos, que apenas falavam de Mim, o Cristo, mas atuavam contra as leis. Além disso, havia ainda os chamados seguidores à força: estes surgiram através da cristianização forçada das massas pelas igrejas.

Reconheçam: Na lei eterna não há coação. Deus, o Eterno, deu o livre arbítrio a todos os Seus filhos. Quem se decide livremente tem, com a livre decisão, a força para aquilo que caracteriza o cristianismo autêntico: igualdade, liberdade, unidade, fraternidade e justiça. Toda coação vem da lei de semente e colheita, denominada também de lei da Queda. Ao ser humano foi dado eleger livremente o seu caminho espiritual. Eu, Cristo, ofereci e ofereço o caminho ao coração de Deus, mas não obrigo ninguém a segui-lo. Quem obriga o seu próximo vive, ele mesmo, sob a coação da lei da Queda e personifica o pensamento da Queda.

Algumas das chamadas denominações cristãs obrigam os seus crentes a batizarem-se com água. Já as crianças pequenas, cujo livre arbítrio ainda não foi desenvolvido e que, portanto, ainda não podem decidir por si mesmas, se lhes impõe a ser membros de uma igreja mediante o batismo com água, e com isso, a participar também nos seus outros rituais.

Esta é uma intervenção no livre arbítrio da pessoa, uma cristianização forçada, assim por dizer. Estes são processos na lei da Queda.

Para as pessoas que não aceitam a Mim, Cristo, nem Me acolhem livremente a partir da mais profunda convicção interior é frequentemente muito difícil entender corretamente e aceitar os Dez Mandamentos que são extratos da lei eterna. Isto porque foram relegados ao segundo plano através das muitas exteriorizações, formas dogmáticas, ritos, costumes e cultos. Nas confissões estas exteriorizações tornaram-se no principal; no entanto, não têm nada em comum com o cristianismo interior, a religião interior, mas sim derivam, em parte, diretamente do tempo do politeísmo e da idolatria e, com isso, do âmbito dos planos da Queda.

Só quando os seres humanos se desprenderem livremente dos dogmas e das formas rígidas que lhes foram impostos, dos ritos e cultos, assim como das suas próprias ideias sobre Deus, podem eles ser guiados ao seu interior, ao seu verdadeiro ser, pouco a pouco. Ali, no seu ser interior, encontram-se então como um verdadeiro ser em Deus e como habitante do Reino de Deus, que está dentro de cada ser humano. Esta vida interior é a verdadeira religião, a religião interior.

Reconheçam: A eterna lei universal toda-abrangente, a lei dos céus, é irrefutável. É a lei de todo o SER puro. Através da Queda, formou-se a lei de semente e colheita que apenas pode ser dissolvida com a realização das leis eternas. Todavia, não pode ser evitada. A lei de semente e colheita atuará em cada alma até que os pecados tenham sido reconhecidos, purificados, expiados e entregues a Mim, ao Cristo de Deus. Então a lei da Queda será anulada na alma, de modo que a alma estará em grande medida livre das suas impurezas. Será novamente o ser puro em Deus que vive a Lei Absoluta, uma vez que aspira de novo à Lei Absoluta toda-prevalecente de amor e de vida.

A lei de semente e colheita terá validez até que todo o negativo tenha sido compensado e transformado em energia positiva, e todos os seres vivam novamente em Deus, do qual provieram. Na medida em que todos os seres provenientes de Deus tenham regressado ao coração de Deus, à Lei Absoluta, todos os planos de purificação – todos os planos parcialmente materiais e materiais, incluindo a Terra – se transformam em energia cósmica e voltam a vibrar na

Lei Absoluta. Então a lei da Queda será anulada, e o amor de Deus estará de forma consciente e todo-prevalecente em todo o SER, em cada ser.

Não será retirado nenhum "til" da lei eterna que os verdadeiros profetas trouxeram antes e depois de Mim e que Eu vivi, dando exemplo como Jesus de Nazaré.

Quando se diz: *"nem um jota"*, refere-se a cada aspecto da verdade eterna e não à letra nem à palavra dos seres humanos como tais. As palavras humanas são muitas vezes apenas símbolos que ocultam o mais interior. Só quando a pessoa puder perceber o que há dentro da linguagem simbólica é que entenderá a verdade e o sentido da vida que está oculto no fundo das palavras humanas.

"A lei superior" é o passo para a lei perfeita. Esta é ensinada nos planos de preparação que se encontram antes do portal dos céus aos seres em grande parte puros, que vêm da Terra e dos

reinos das almas. A lei mais elevada é o último nível de ensino antes do portal dos céus. Ela mostra aos seres em grande parte puros, como a irradiação legítima volta a ser ativada no corpo espiritual para que possa ser aplicada no infinito.

Aquando Jesus de Nazaré, Eu ensinei partes da lei perfeita, da Lei Absoluta. A verdade completa teve que permanecer oculta aos seres humanos de outrora, porque ainda estavam demasiado vinculados à crença nos deuses e orientados pelas múltiplas tendências religiosas daquele tempo. Por isso, falei segundo o seguinte sentido: quando chegar o tempo, Eu, o espírito da verdade, lhes conduzirei a toda a verdade.

No monte do Calvário – que significa lugar das caveiras – fui crucificado pelos romanos, porque o povo judeu não Me aceitou nem Me acolheu como Messias. Apesar de ter pregado – andando para baixo e para cima no vale do Jordão – ensinando, curando e dando muitos sinais da Minha divindade, o povo judeu obstinado permaneceu submisso ao clero dos templos, e, portanto, fez-se cúmplice da morte de Jesus de Nazaré.

Com as palavras análogas *"Está Consumado"*, as faíscas redentoras entraram em todas as almas carregadas e caídas. Com isto, tornei-Me, e Eu Sou, o Redentor de todos os seres humanos e almas.

Como o Cristo de Deus, atuei e continuo a atuar. Em todas as gerações até ao tempo atual (1989) revelei e revelo-Me através de verdadeiros instrumentos de Deus, através de pessoas com almas purificadas por sua maior parte.

Nesta poderosa viragem dos tempos, na qual a Era de Luz se aproxima cada vez mais dos seres humanos, Eu ensino a lei eterna em todas as suas facetas, e cada vez mais pessoas seguem a vereda ao interior, ao amor de Deus.

Agora chegou o tempo que anunciei como Jesus de Nazaré: *"Hoje ainda não o podem suportar, ou seja, entender, mas quando vier o espírito da verdade, vos guiará em toda a verdade"*.

Agora estou em espírito entre os Meus, os fiéis caminhantes ao eterno SER, à consciência do Meu Pai, e ensino-lhes a eterna Lei Absoluta, para que também aqueles que irão viver no Reino da Paz a cumpram, e assim vivam em Mim e Eu através deles.

As Minhas palavras são vida, são a lei eterna. Elas ficarão conservadas nos caminhantes para a vida eterna, e também em muitos registros escritos – assim também neste livro para o Reino da Paz de Jesus Cristo.

Reconheçam: Só a lei eterna de amor é que torna o ser humano livre – não a lei de semente e colheita. Esta apenas lhe traz sofrimento, doença, necessidade e padecimento.

Qualquer, pois, que violar um desses mandamentos que ele dará, e assim ensinar aos homens, será chamado o menor no reino dos céus; quem, porém, cumpri-los e ensiná-los será chamado grande no reino dos céus. (Cap. 25: 9)

Cristo explica, retifica
e aprofunda a palavra:

Os Dez Mandamentos que Deus deu aos Seus filhos humanos através de Moisés são extratos da lei eterna de vida e de amor. Quem infringe estes mandamentos e só os ensina aos seus semelhantes, mas não os cumpre ele mesmo, é um falso mestre. Ele peca contra o Espírito Santo. Este é o maior pecado. Este falsificador utiliza o amor de Deus, a lei de vida, para a sua própria finalidade. Com isso, abusa da lei eterna. Cada abuso é roubo, e cada ladrão é um perseguido e acossado, que mais cedo ou mais tarde será alcançado e sentenciado pelas suas próprias ações, pelas suas próprias causas. Pois Deus é um Deus justo, e através d'Ele tudo será revelado, tanto o bom como também o menos bom e o mal.

No entanto, quem guarda a lei de amor e de vida, isto é, a cumpre na vida diária, e ensina aos outros o que ele mesmo realizou, é um verdadeiro mestre espiritual. Ele estende às pessoas o pão dos céus e com isso, saciará muitos. Quem dá a partir da sua própria realização, está preenchido pela sabedoria e força divinas e, quando chegar o tempo, brilhará como uma estrela no céu. Pois a pessoa preenchida por Deus haure da corrente de salvação e dá abnegadamente àqueles que têm fome e sede de justiça.

Reconheçam: Através de tais homens e mulheres justos, a lei eterna de amor e de vida vem a este mundo. Portanto, quem guarda e ensina a lei eterna, será chamado grande no reino dos céus; isto significa que colherá grande recompensa nos céus.

Em verdade, os que crerem e obedecerem salvarão a sua alma, e os que não obedecerem a perderão. Porque vos digo que, se a vossa justiça não exceder a dos escribas e fariseus, de modo nenhum entrareis no reino dos céus. (Cap. 25: 10)

Cristo explica, retifica
e aprofunda a palavra:

A afirmação, "*...os que crerem e obedecerem salvarão a sua alma, e os que não obedecerem a perderão*" significa: Quem crê e cumpre as leis de Deus livrará a sua alma da roda do renascimento que lhe atrairá à carne até ter expiado tudo o que sempre lhe atraiu de volta às encarnações.

Reconheçam: Ter fé na lei de vida não basta. Só a fé na vida e a realização das leis de vida é que conduz o ser humano e a alma para fora da roda do renascimento.

Quem não cumpre as leis de Deus, trai Deus e vende a sua alma às trevas. Com isto, cobre a luz de sua alma, a sua verdadeira vida. Esta pessoa vive então no pecado, e a alma no sono deste mundo. A lei de encarnação, a roda do renascimento que atrai a alma para a encarnação, será ainda ativa por um certo tempo, para que a alma encarnada reconheça que não é deste mundo, mas sim, que está em veste terrena para descartar o que é humano – e para desvelar o que é divino: a sua verdadeira e eterna vida.

Nem todos os que conhecem as letras as interpretam apenas ao pé da letra – mas sim pelo sentido. Por isso há que dizer: Se a sua justiça não for maior que a de muitos escribas – que fingem ser justos e ensinam a Minha lei mas não a cumprem, eles mesmos – então vocês não entrarão no reino dos céus.

Por isso, não se vinculem a opiniões e conceitos de pessoas. Realizem o que reconheceram da lei de vida; então reconhecerão os passos seguintes que levam a legitimidades mais elevadas.

Reconheçam: A justiça de Deus é amor e sabedoria de Deus. Quem não desenvolve os mesmos dentro de si também não os irradia, nem vê as profundidades do SER eterno, e nem sequer compreende a sua verdadeira vida. A sua vida terrena é um vegetar, e vegetando, ele passa desatento ao lado da verdadeira vida. Tanto no aquém como no além, é um morto espiritualmente. Não tem a orientação correta nesta existência terrena nem na do além, porque não viveu de acordo com as leis de vida. Não é sábio, mas sim transmite o saber que armazenou. Deste modo, torna-se num partidário de pecado e finalmente, num pecador. Ele age contra a lei eterna e cai assim cada vez mais profundamente na lei de semente e colheita.

ortanto, se trouxeres a tua oferta ao altar, e aí te lembrares de que o teu irmão tem algo contra ti, deixa ali diante do altar a tua oferta, e vai reconciliar-te primeiro com o teu irmão e, depois, vem e apresenta a tua oferta. (Cap. 25: 11)

Cristo explica, retifica
e aprofunda a palavra:

Se deseja consagrar a sua vida a Mim, o Cristo, e quer entregar-Me as suas faltas e pecados, e reconhece que ainda não se reconciliou com o seu próximo, então deixa primeiro o pecado diante do altar interior. Vai ter com o seu próximo e reconcilie-se com ele – e depois, se não quiser continuar a fazer algo igual ou parecido que lhe levou a pecar, coloque o seu pecado sobre o altar. O altar encontra-se no mais íntimo do seu templo de carne e osso. O espírito de amor e de vida então transforma o pecado em força e vida. Pois o que você Me entregar livremente, sem coação e de livre vontade, quer dizer, se não voltar a fazer algo igual ou parecido, disso conseguirá a libertação. A sua alma receberá então cada vez mais a luz vinda de Mim.

Observem à seguinte legitimidade: Quando tiverem pecado contra o seu próximo exclusivamente em pensamentos, com pensamentos sem amor, invejosos, vingativos, ciumentos ou cheios de ódio, não vão ter com ele para falar disso com ele. Saibam que o seu próximo não conhece o seu mundo de pensamentos. Se vocês o manifestarem em palavras, ele começa a refletir sobre isso. Venham só a Mim, ao Cristo, que estou no seu interior, e arrependam-se dos seus pensamentos, e, ao mesmo tempo, enviem à alma do seu próximo pensamentos positivos abnegados, pensamentos pedindo-lhe perdão e pensamentos de união interior. Então, Eu dissolverei o que foi causado em pensamentos. E se não voltarem a pensar algo igual ou parecido, já estarão perdoados.

Reconheçam: Se falarem ao seu próximo sobre os seus pensamentos humanos, podem talvez tocar nele aspectos humanos em vias de transformação. Estes aspectos poderiam abrir-se de novo no seu próximo, e ele começa a pensar e a falar novamente de forma negativa, voltando a carregar a sua alma.

A lei diz: não só carrega a sua alma aquele que pelo seu comportamento errôneo foi impelido de novo a refletir, mas também vocês carregam a sua alma expressando os seus pensamentos e assim, ativando no seu próximo aspectos humanos que estavam em processo de transformação.

Se, no entanto, saíram da sua boca o negativo, culpando o seu próximo, insultando-o e falando mal dele – também se ele ouve disso através de terceiros – vai e peça-lhe perdão. Se ele lhe perdoou, também o eterno Pai celeste em Mim, o Cristo, lhe perdoa. Mas se ele não lhe perdoou, também o seu Pai celeste em Mim, Cristo, não poderá perdoar-lhe. Não obstante, o amor do Deus-Pai-Mãe tocará cada vez mais o coração ainda rígido, para que a pessoa reflita mais rapidamente e lhe perdoe, de maneira que também Deus em Mim, o Cristo, lhe possa perdoar e assim tudo o que outrora foi negativo seja compensado e transformado.

Tenham cuidado com a sua própria língua! Pois o negativo que sai da sua boca, pode causar ao seu próximo e a vocês mesmos um dano muito maior que os pensamentos que vocês reconheceram a tempo, antes de que tivessem efeito, e que entregaram a Mim, ao Cristo em vocês.

Reconheçam uma outra legitimidade: vocês não veem nem escutam pensamentos e, no entanto, estão aqui. Vibram na atmosfera, e podem influenciar quem pensa de modo igual ou parecido. Se Me entregarem os mesmos a tempo, serão cancelados – a não ser que a alma do seu próximo os tenha já registrado em si mesmo. Neste caso, vocês serão conduzidos de maneira que possam fazer bem a esta pessoa sobre a qual pensaram negativamente. E se fizerem o bem desinteressadamente, sem expressar os seus pensamentos anteriores, na alma daquele sobre o qual pensaram negativamente se apagará o que ele já tinha registrado na sua alma. Então, o que a sua alma irradiou também está apagado em vocês.

Perdoe e peça por perdão

oncilia-te ao mais rápido com o teu adversário, enquanto estás no caminho com ele, para que não aconteça que o adversário te entregue ao juiz, e o juiz te entregue ao oficial, e te encerrem na prisão. Em verdade te digo que de maneira nenhuma sairás dali enquanto não pagares o último cêntimo. (Cap. 25: 12)

Cristo explica, retifica
e aprofunda a palavra:

"Concilia-te ao mais rápido com o teu adversário, enquanto estás no caminho com ele" significa: Não deixe pendente o pecado que cometeu contra o seu próximo! Purifique-o o quanto antes possível, porque ele ainda está com você no caminho de vida, na existência terrena. Se a sua alma se for da Terra, você terá que esperar até que eventualmente possa haver de novo um encontro e lhe possa pedir perdão.

Reconheçam: O juiz é a lei de semente e colheita. Uma vez que se ative, a pessoa não sairá dela até que tenha pago *"o último cêntimo"* – ou seja, até que tenha expiado tudo o que causou e do qual não se arrependeu a tempo.

Aproveitem, portanto, a oportunidade de pedir perdão ao seu próximo e de lhe perdoar, enquanto ainda caminharem com ele na Terra e o pecado ainda não se gravou na alma, convertendo-se em causa. Quem não perdoa e não pede perdão terá que arcar com os efeitos até ter pago *"o último cêntimo"*.

Portanto, unam-se o quanto antes com o seu próximo. Se as causas – por exemplo, desavenças, mágoa ou inveja – já se enraizaram na sua alma e se isto também sucedeu no seu próximo contra o qual estão, então é possível que o seu próximo não lhe perdoe tão prontamente – nem mesmo que vocês tenham reconhecido o seu pecado e se arrependido do mesmo. Pois na sua alma o complexo de culpa pode haver-se endurecido através da forma de pensar igual ou parecida, que vocês provocaram nele. Mediante o seu comportamento pecaminoso, que nutriram durante muito tempo, também ele fomentou na sua alma o rancor contra vocês – e criou, assim como vocês, um amplo campo energético negativo, um complexo de culpa, que agora deve ser trabalhado por ambos. A purificação pode-se apresentar a vocês ainda nesta existência terrena, ou somente nos âmbitos das almas, ou em encarnações posteriores.

Reconheçam: Antes de um golpe de destino cair sobre a pessoa, ela é advertida pelo espírito de vida que também é a vida da alma, e também pelo espírito guardião, ou por pessoas. As advertências provenientes do Espírito são sensações finíssimas que correm da alma ou que o espírito guardião faz fluir para dentro do mundo de sentimentos ou de pensamentos da pessoa. Elas advertem a pessoa para que mude a sua forma de pensar, ou para que purifique o que causou. O Espírito eterno de vida e o espírito guardião podem também estimular as pessoas de aproximarem-se daquele que está a ponto de sofrer um golpe de destino. Elas aproximam-se então da pessoa em questão e começam uma conversa que espontaneamente se refere ao assunto. Disso, a causa do golpe de destino iminente poderá ser reconhecida e purificada.

Portanto, vocês podem ver que a luz eterna dá advertências e indicações de múltiplas maneiras – tanto ao próximo com o qual criaram causas, como também a vocês mesmos.

Também mediante impulsos vindos através de acontecimentos do dia, a pessoa é advertida a tempo, antes que o que causou caia sobre ela em forma de golpe de destino.

Quem leva a sério tais dicas e purifica os pecados que tenha reconhecido através do arrependimento, do perdoar e pedir perdão e reparar o mal, não terá que sofrer o que causou. Se o pecado é grande, é possível que terá que carregar uma parte do mesmo, mas não tudo daquilo que queria romper da alma. No entanto, quem não vê e ouve nenhuma das advertências porque se atordoa com coisas humanas terá que suportar as causas criadas por ele mesmo até que esteja pago *"o último cêntimo"*.

Amem os seus inimigos

Ouvistes que foi dito: Amarás o teu próximo, e odiarás o teu inimigo. Eu, porém, digo-vos: Amai os vossos inimigos, fazei bem aos que vos odeiam. (Cap. 25:13)

Cristo explica, retifica
e aprofunda a palavra:

O mandamento de vida diz: *"Amai os vossos inimigos, fazei bem aos que vos odeiam."*

Cada pessoa deveria ver em cada um dos seus semelhantes o seu próximo, o seu irmão ou irmã. Também nos inimigos aparentes, vocês deveriam reconhecer o seu próximo e esforçar-se por amá-lo abnegadamente.

O inimigo aparente pode até ser um bom espelho para o autorreconhecimento se você se irritar por causa da sua hostilidade – que pode ter muitas caras. Pois quando algo lhe irrita no seu próximo, há algo igual ou parecido em você mesmo.

No entanto, se você pode perdoar ao seu próximo sem grande irritação, o qual lhe culpou e acusou, então não há analogia alguma em você. Ou seja, em você não há nada igual ou parecido e, portanto, não há ressonância alguma para isso na sua alma. É possível que já em vidas passadas você tenha purificado e expiado aquilo do qual lhe culparam – ou que nunca criou na sua alma. Então só estava na alma daquele que pensou e falou contra você e lhe culpou. Se em você, portanto, não ressoa nenhuma agitação, se não surge um eco de sua alma, neste caso você foi o espelho para ele. Se ele olhar ou não neste espelho para o seu ego humano – isto você deixa a Deus e a ele, o Seu filho.

Reconheça: Já ao só ver-lhe, moveu-se a sua consciência, refletindo a ele o que outrora, por exemplo, ele pensou e falou de você de modo negativo. Agora ele tem a possibilidade de purificar isto. Se o fizer, arrependendo-se e não voltando daí em diante a pensar ou a fazer algo igual ou parecido, isso é anulado na sua alma, ou seja, transformado. Só então lhe verá com os olhos da luz interior.

Um sinal de que em uma alma se transformou algo de negativo em positivo, é a boa vontade e a compreensão para com o próximo.

A bençoai aos que vos maldizem, e orai pelos que vos maltratam por malícia, para que sejais filhos do vosso Pai que está nos céus. Porque Ele faz que o sol se levanta sobre maus e bons, e a chuva desce sobre justos e injustos. (Cap. 25: 14)

Cristo explica, retifica
e aprofunda a palavra:

Quem cumpre estes mandamentos é justo para com os seus semelhantes e através da sua vida em Deus conduzirá muitas pessoas à vida em Deus. Deus não pune nem castiga os Seus filhos. As palavras já o dizem: *"Ele faz que o sol se levanta sobre maus e bons, e a chuva desce sobre justos e injustos"*.

Deus é o doador de vida porque Ele mesmo é a vida. A partir da lei eterna de vida, Deus deu aos seres humanos o livre arbítrio para se decidirem livremente a favor ou contra Ele. Quem está a Seu favor guarda as leis eternas de amor e de vida e também receberá da lei eterna os dons de amor e de vida. Quem sente, pensa e age contra a lei eterna recebe o que semeou, ou seja, o que sentiu, pensou, falou e fez.

Cada um recebe, portanto, o que ele mesmo semeou. Quem semeia boa semente, ou seja, cumpre as leis de Deus, também colherá bons frutos. Quem semeia sementes humanas que introduz no campo de sua alma em forma de sentimentos, pensamentos, palavras e atos humanos, também colherá frutos correspondentes.

Disso vocês veem que Deus não intervém na vontade do ser humano. Ele é doador, ajudante, admoestador, guia e protetor daqueles que se esforçam por fazer a Sua vontade porque recorrem a Ele. Quem se afasta d'Ele, criando a sua própria lei humana, também será controlado pela sua própria "lei ególatra" humana.

Portanto, Deus não intervém na lei de semente e colheita. Deus oferece a Sua ajuda aos Seus filhos de muitas maneiras, e os que Lhe pedem de coração e cumprem o que Eu, o Cristo em Deus, Meu Pai, lhes requeri – amar-se uns aos outros abnegadamente – estes estão em Deus e Deus atua através deles.

Aceite o seu próximo de coração

orque se amardes aos que vos amam, que recompensa tereis? Também os pecadores amam aos que os amam. E se fizerdes bem aos que vos fazem bem, que recompensa tereis? Também os pecadores fazem o mesmo. E, se saudardes unicamente os vossos irmãos, que fazeis de mais? Não fazem os publicanos também assim? (Cap. 25: 15)

Cristo explica, retifica
e aprofunda a palavra:

Por conseguinte, aceite e acolha no seu coração o seu próximo, mesmo se ele não lhe ama; mesmo se não lhe apoia e lhe ignora, recusando saudar-lhe. Ama-o você! Apoia-o abnegadamente e saúde-o – mesmo que só o faça em pensamentos, caso ele não desejar que o saúde com palavras. Também uma saudação de coração que é feita em pensamentos entra na sua alma e trará bons frutos em seu devido tempo.

Assim, tratem de agir como o sol que dá se a pessoa o quer ver ou não, mesmo que deseje chuva ou tempestade, que peça frio ou calor.

Deem amor abnegado assim como o sol dá à Terra, e respeitem todos os seres humanos, todo o SER. Então receberão a recompensa nos céus.

Não lisonjeiem as pessoas. Não façam diferenças, como as pessoas que só se juntam e só estão com aqueles que concordam com a sua maneira de pensar e de agir e condenam os que pensam e agem de maneira diferente.

Não se vincule a pessoas ou coisas

E se desejardes algo tanto quanto a vossa vida, e isso vos afastar da verdade, soltem-no, pois é melhor entrar na vida possuindo a verdade do que perdê-la e ser lançado nas trevas exteriores. (Cap. 25: 16)

Cristo explica, retifica
e aprofunda a palavra:

O que o ser humano deseja para si pessoalmente está relacionado com o ser humano, com o seu ego baixo. Tudo isto é vinculação. Vinculação significa estar atado a pessoas e coisas. Quem se vincula a pessoas e coisas, ou seja, quem está vinculado a algo diminui o fluxo das energias cósmicas.

Se você vincula uma pessoa a si só para as suas próprias vantagens, você segue com a sua vontade egoísta interesses pessoais que lhe afastam da vida em Mim, o Cristo. Com isso, você abandona a vida impessoal, abnegada, e se enreda em querer possuir, ser e ter, empobrecendo de vida espiritual no seu interior. Se não renunciar a tempo o querer possuir, ser e ter, um dia irá perder tudo.

Se você não se reconhecer nos efeitos – com a perda dos seus bens, ou com doença, necessidade e sofrimento – se não se arrepender e reparar o que fez, você irá caminhar como alma e como ser humano nas trevas, por haver pensado apenas em você, no seu bem pessoal.

Portanto, reconheça-se de novo a cada dia, e realize diariamente as leis de Deus, e deixe de desejar algo para o seu ego pessoal. Permaneça na verdade – e assim, fiel à lei de Deus. Então você entrará na vida que é o seu verdadeiro ser, e será rico em si, porque você tem aberto os céus em si.

A verdade, que é impessoal, não pode correr para dentro de quem não é um vaso da verdade. Tal pessoa está somente centrada em si mesma e só acumula para si mesma. Este comportamento conduz a que se afaste da força eternamente fluente de Deus, levando uma vida "no charco": a este charco só flui o que é negativo, e é pouco o que escorre dele. Isto significa que sentirá no próprio corpo o que acumulou no seu charco.

Por outro lado, a verdade eterna flui na pessoa e através da pessoa que é um vaso da verdade. Ela recebe de Deus e dá a partir de Deus, chegando assim, a ser um manancial de vida para muitos. A energia cósmica de vida, o manancial de todo o SER, flui através de todas as formas do SER e através daquelas pessoas e almas que se voltaram à Deus, que, portanto, se tornaram em vasos de Deus.

Reconheçam: A força eternamente fluente corre apenas através da pessoa e da alma que não acumula para fins egoístas, mas sim que dá abnegadamente. Só através da pessoa que dá abnegadamente flui incessantemente a corrente de Deus! Se Deus pode fluir através da pessoa sem impedimento, traspassando-a, então a pessoa vive na verdade, em Deus, na vida que perdura eternamente. Só tais pessoas dão a partir de Mim, a vida, porque estão em Mim, a vida e a verdade.

E se aquilo que vos parecer desejável causar a outrem dor e sofrimento, arrancai-o do vosso coração; somente desse modo alcançareis a paz. Melhor é suportar o sofrimento do que infligi-lo aos que são mais fracos.

Sede vós, pois, perfeitos, como é perfeito o vosso Pai que está nos céus. (Cap. 25: 17-18)

Cristo explica, retifica
e aprofunda a palavra:

Todo o não divino que sai de você – tal como pensamentos, palavras e atos negativos – não só pode provocar dor e aflição ao seu próximo, mas também a você mesmo. Pois o que o ser humano semeia, colherá.

A colheita corresponde à semente. É sempre colhida pela pessoa que semeou e não pelo seu próximo. O seu próximo não semeou a sua semente e nem colherá a sua colheita.

Todavia, as suas sementes podem ser sementes voadoras, como as sementes de diferentes espécies de flores que são levadas pelo vento depois do tempo de floração e enraízam onde podem se agarrar. Da mesma maneira, os seus pensamentos, palavras e atos podem também cair como sementes voadoras no campo da alma do seu próximo e brotar, se encontrarem ali condições iguais ou parecidas.

Coisas iguais ou parecidas ao que está em você está nele, se ele se irritar ou se aborrecer com as suas palavras e ações que lhe provocam preocupação, e ele pensa, fala ou faz algo igual ou parecido, estimulado pelas suas sementes voadoras. Todavia, foi você que provocou isto e, na lei de semente e colheita, você poderá ser chamado a prestar contas. Você é chamado de amar abnegadamente o seu próximo e de lhe servir e ajudar – e não lhe ocasionar dor e aflição com o seu comportamento.

Se então o seu próximo carregar a sua própria alma por causa do seu comportamento negativo, porque você invadiu o campo da sua alma e fez entrar em vibração causas pelas quais ele mais tarde terá que sofrer e suportar muito, você estará vinculado a ele. E se ele reagir ao seu comportamento de forma igualmente negativa, ele, por sua vez, se vincula a você. Nesta ou em outra forma de existência terão que purificar isto juntos.

Reconheçam: Uma pequena e insignificante semente voadora do ego humano pode criar uma grande causa que já leva em si o seu efeito.

Reconheçam, portanto: Cada causa tem de ser eliminada!

Outro exemplo: Se como sementes voadoras, você envia os seus pensamentos, palavras e atos negativos, e o seu próximo ouve o que você diz sobre ele, mas não faz caso porque no campo da alma dele não tem uma analogia com isso, então só você é quem carrega a sua alma, e está vinculado a ele – e não ele a você. O seu próximo pode entrar nos céus, ao não haver aceitado nem acolhido as suas sementes negativas, porque não pensou nem falou de modo igual ou parecido a você. No entanto, se mediante o seu comportamento errôneo, você despertou causas no seu próximo que nele não teriam tido que chegar ao seu efeito, uma vez que ele poderia havê-las purificado posteriormente sem dor nem aflição, então você tem a culpa maior e terá que carregar com a parte que causou no seu próximo.

Assim, se você tiver que aguentar dores e aflições, não dê a culpa ao seu próximo pelo seu estado. Você mesmo é o causador – e não o seu próximo. As suas dores e aflições são a semente na sua alma que brotou – e que também se manifesta no seu corpo como colheita.

Só Eu, Cristo, o seu Redentor, lhe posso livrar disso – e só quando você se arrepender e não voltar mais a fazer algo igual ou parecido. Então a carga será tirada da sua alma e a sua vida correrá melhor.

Reconheça: Quem se der conta de que as suas dores e aflições são as suas próprias sementes e aceita o seu sofrimento, mostra verdadeira grandeza interior. Este é um sinal de crescimento espiritual, e o crescimento espiritual leva paulatinamente à perfeição.

O ser puro é perfeito; é à imagem do Deus-Pai-Mãe. Vive em Deus, e Deus vive através do ser puro.

Bem-aventurados os puros de coração, porque eles verão a Deus – uma vez que voltaram a ser à imagem do Pai celeste. De um coração puro e devoto a Deus fluem mansidão e humildade.

Sigam o caminho ao interior

Guardai-vos de dar a vossa esmola diante dos homens, para serdes vistos por eles, pois não tereis galardão de vosso Pai que está nos céus. Quando, pois, derdes esmola, não façais tocar trombeta diante de vós, como fazem os hipócritas nas sinagogas e nas ruas, para serem glorificados pelos homens. Em verdade vos digo que já receberam o seu galardão.

Mas, quando tu deres esmola, não saiba a tua mão esquerda o que faz a tua direita; para que a tua esmola seja dada em segredo; e o Um, que vê em segredo, Ele mesmo te recompensará publicamente. (Cap. 26:1-2)

Cristo explica, retifica
e aprofunda a palavra:

O Sermão da Montanha vivido é o Caminho Interior para o coração de Deus. O que o ser humano não faz abnegadamente, ele o faz por si mesmo. O altruísmo é o amor de Deus. O interesse pessoal é o amor humano. Quem só faz bem ao seu próximo quando este lhe agradece e elogia as suas boas obras, não o fez para o seu próximo, mas sim para si mesmo. O agradecimento e o elogio são a sua recompensa. Com isto, já foi recompensado, e não receberá recompensa alguma de Deus. Só o altruísmo é recompensado por Deus. O altruísmo cresce e amadurece só naquela pessoa que deu os primeiros passos para o reino do interior, ou seja, que os realizou.

Os primeiros passos para lá consistem em monitorar os pensamentos: coloca no lugar de pensamentos egocêntricos, negativos, cismantes ou passionais, pensamentos positivos, úteis, alegres e nobres, e pensamentos sobre o bem que há no ser humano e em tudo o que se lhe apresenta. Então, pouco a pouco, você terá os seus sentidos sob controle. E tampouco você irá cobiçar algo do seu próximo nem esperar algo dele. No decorrer subsequente do Caminho Interior, apenas dirá coisas positivas e essenciais. Assim, você terá o seu ego humano sob controle, porque terá aprendido a descansar em si. A sua alma tornar-se-á cada vez mais clara, e você encontra o bom em tudo o que vem ao seu encontro, ao qual você então pode dirigir-se, expressando-se de maneira correta. Se você aprendeu isto, então poderá chamar a atenção ao que é negativo de forma legítima. Desta maneira, a honestidade e sinceridade despertam-se em você, e com isso, você permanece fiel a Deus em tudo.

Este processo espiritual de evolução para a abnegação é o Caminho Interior para o coração de Deus. Tudo o que você faz a partir da abnegação trará múltiplos frutos.

Portanto, se os seus sentimentos não têm expectativas e os seus pensamentos são nobres e bons, então nas suas palavras e atos está a força proveniente de Deus. Esta força é a Minha energia de vida. Ela penetra na alma do seu próximo e faz com que o seu próximo também se torne abnegado; pois o que procede da sua alma luminosa, também penetra na alma e no ânimo do seu próximo mais cedo ou mais tarde, dependendo de quando o próximo se abra para isso.

Quem dá desinteressadamente, não pergunta se o próximo também fica sabendo do que ele deu. Aquele que é abnegado dá! Ele sabe que Deus, o Pai eterno, vê no coração de todos os Seus filhos, e que o Eterno, cujo espírito habita em cada ser humano, recompensa quem é abnegado quando chegar a hora para isso. Só isto é o importante.

Reconheçam: todas as boas obras, ou seja, abnegadas, se manifestarão a tempo, a fim de que aqueles que devem vê-las as reconheçam para se tornarem eles mesmos abnegados, aceitando também eles a vida em Mim e aspirando a ela – e fazendo o que Eu lhes exortei: de amarem-se abnegadamente uns aos outros, assim como Eu, Cristo, os amo.

Aprenda a oração correta

E, quando orares, não sejas como os hipócritas; pois se comprazem em orar nas sinagogas, e às esquinas das ruas, para serem vistos pelos homens. Em verdade vos digo que já receberam o seu galardão.

Mas tu, quando orares, entra no teu aposento e, fechando a tua porta, ora a teu Pai que está em segredo; e o Oculto, que vê em segredo, te recompensará publicamente. (Cap. 26: 3-4)

Cristo explica, retifica
e aprofunda a palavra:

Quando você orar, retire-se para um quarto tranquilo e submerja-se no seu interior, pois em você habita o espírito do Pai, cujo templo você é.

Se você orar apenas para ser visto, para que o seu próximo lhe veja como piedoso e crente, Eu lhe digo: isto não é devoção, mas sim beatice; é hipocrisia. Tais orações exteriorizadas não têm força. Quem só orar com os lábios ou para ser visto peca contra o Espírito Santo, pois abusa das palavras santas para seu próprio interesse.

Reconheça: Se você se dirigir a Deus em oração e não tornar realidade na sua vida aquilo pelo que ora; se, portanto, as suas orações só são uma exibição do seu ego e não vêm da profundidade da sua alma e não estão vivificadas pelo amor a Deus, então você peca contra o Espírito Santo. Este é o pecado maior.

Se as suas orações não fluem abnegadamente do coração, seria melhor que não orasse e que primeiro se tornasse consciente dos seus pensamentos e dos seus desejos humanos, entregando-os pouco a pouco a Mim – para que o amor abnegado que está em você cresça, e você possa orar de coração. Então as suas orações estarão cada vez mais vivificadas e traspassadas pelo amor a Deus e ao seu próximo.

"...e o Oculto, que vê em segredo, te recompensará publicamente" significa: Os seus pensamentos de luz e orações cheias de força, vivificadas

pelo amor a Deus, ainda trarão frutos a este mundo. Você poderá reconhecer a sua semente de amor, e também muitos lhe reconhecerão como um manancial de amor.

orando em conjunto, não useis de vãs repetições, como os gentios, que pensam que por muito falarem serão ouvidos. Não vos assemelheis, pois, a eles; porque vosso Pai celestial sabe o que vos é necessário, antes de vós lho pedirdes. ... (Cap. 26: 5)*

Cristo explica, retifica
e aprofunda a palavra:

Só o ser humano que realizou pouco da lei da verdade usa na oração e na vida diária muitas palavras e repetições vazias e sem vida.

Quem fala muito da lei da verdade e da vida, dizendo, portanto, muitas palavras a esse respeito, não pode enchê-las de força e vida porque ele mesmo não está preenchido pela lei de Deus. Tais palavras são egocêntricas e, portanto, sem amor, mesmo que tenham sido escolhidas como se fossem portadas pelo amor. O falar sem vivificação não chega ao mais profundo da alma do seu próximo, e assim, não desperta eco algum no ser humano que deixa atuar o amor de Deus em si e através de si. Quem fala sem vivificar o que diz sobre a lei da verdade e da vida, que ele, no entanto, não realiza, só provoca discussões no ser humano que ouve isto e que igualmente está ainda orientado ao exterior.

Reconheçam: Quem discute sobre legitimidades espirituais, não conhece as leis de Deus. Todos os que querem discutir estão convencidos de que sabem mais que o seu próximo e querem afirmar-se nisso. Quem discute só dá testemunho de si mesmo, ou seja: de que não sabe nada e está inseguro; e por isso, discute.

Todavia, quem encontrou a verdade não discute sobre a verdade e tampouco sobre o que é a crença. A palavra "crença" também contém a falta de conhecimento: a pessoa crê naquilo que no final não sabe ou não pode provar. Quem crê na verdade, ainda não encontrou a verdade eterna. Também ainda não se move na corrente da verdade eterna. Portanto, a crença ainda é cegueira.

No entanto, quem encontrou a verdade eterna já não tem que acreditar na verdade – ele sabe a verdade porque se move na corrente da verdade. Esse é o verdadeiro ser humano sábio, que levantou em si o tesouro, a verdade. Os verdadeiros sábios descansam em si. Isto é a segurança e firmeza interior. Não discutem sobre a crença porque, partindo da crença, encontraram a sabedoria que é a verdade.

Assim, quem apenas crê em Deus sem conhecer a profundidade da verdade eterna, a lei eterna, fala muito acerca de sua crença.

Também com as suas orações comportar-se-á de forma similar: falará muito, uma vez que não vivifica as suas palavras com amor abnegado. Ele é da opinião de que com muitas palavras pode convencer Deus, ou até persuadi-Lo. Ele crê ter que fazer-se entender perante Deus, pois supõe que Deus poderia entender as suas orações de forma diferente do que ele queria dar a entender. Os pagãos pensam e oram de forma similar.

Reconheçam: Quanto mais profundamente o ser humano se submerge na verdade divina, tanto menos palavras utiliza também nas suas orações. As suas orações são breves, mas cheias de força, porque a palavra irradia força vivida.

ortanto, vós orareis assim quando estiverdes congregados:

Pai nosso, que estás nos céus, santificado seja o teu nome. Venha o teu reino, seja feita a tua vontade, assim na terra como no céu. O pão nosso de cada dia nos dá hoje, e o fruto da videira vivente. E perdoa-nos as nossas ofensas, assim como nós perdoamos as ofensas de outros. E não nos deixes na tentação; livra-nos do mal, pois teu é o reino, e o poder, e a glória, por toda eternidade. Amém. (Cap.26: 5-6)

Cristo explica, retifica
e aprofunda a palavra:

A oração comunitária, o Pai Nosso, é orado com palavras e conteúdos distintos, porque cada comunidade a ora da forma que corresponde ao potencial de amor da comunidade.

Como Jesus de Nazaré, ensinei a oração comunitária, o Pai Nosso, na Minha língua materna, ou seja, com outras palavras e, portanto, também com outros conteúdos de como foi orado nos tempos seguintes e em outras línguas.

As palavras como tais são insignificantes. O importante é que o ser humano realize o que ora! Então, cada palavra que sai de sua boca é vivificada com amor, força e sabedoria.

Não devem orar ao pé da letra nem se esforçar por orar o Pai Nosso que Eu ensinei aos Meus, palavra por palavra. O essencial é que vivifiquem as palavras das suas orações com o amor pelo Eterno e pelo próximo, e que o conteúdo das suas orações corresponda à sua vida.

As pessoas que estão preenchidas pela verdade eterna, pelo amor e pela sabedoria de Deus, por sua vez, orarão de maneira distinta a daqueles que apenas oram porque se lhes ensinou a fazê-lo assim, ou porque pertencem a uma denominação na qual as orações são pronunciadas de acordo com o estado de consciência da denominação.

As pessoas que estão no caminho para a sua origem divina oram livremente, ou seja, com palavras elegidas por elas mesmas, vivificadas com amor e força.

As pessoas que vivem no Meu espírito, que estão traspassadas pelo amor e pela sabedoria de Deus, e que, portanto, realizam as leis de Deus na vida diária, antes de tudo, dão graças a Deus por sua vida e por tudo, O glorificando e louvando, e consagrar-Lhe-ão cada vez mais a sua vida – em sentimentos, pensamentos, palavras e obras – porque se tornaram em vida de Sua vida.

As pessoas no espírito do Senhor vivem a oração. Isto significa que cumprem cada vez mais as leis do Eterno, tornando-se elas mesmas em oração, que é a adoração de Deus.

Portanto, quem cumpre a vontade de Deus, vive cada vez mais na adoração de Deus. Tais pessoas não só guardam as leis de Deus, como também se tornaram, em grande medida, na lei de amor e de sabedoria.

No Reino da Paz de Jesus Cristo em formação, no qual Eu Sou o soberano e a vida, os seres humanos guardam a lei de Deus sempre mais. Muitos deles terão se tornado na lei – e assim, homens-Deus que personificam a vida, Deus, em tudo o que pensam, falam e fazem. As suas orações são a vida em Mim, o cumprimento da lei eterna. Com a sua vida que é a lei de Deus, agradecem a Deus pela vida.

O agradecimento a Deus é, pois, a vida em Deus. A sua vida, que é um único agradecimento, flui para dentro do Reino da Paz.

Eles oram segundo o sentido das seguintes palavras de oração que realizam na vida diária:

Pai nosso, o Teu Espírito está em nós,
e nós estamos no Teu Espírito.
Santificado é o Teu nome eterno
em nós e através de nós.
Tu és o espírito da vida,
Tu és o nosso Pai primordial.
De Ti levamos os nossos nomes eternos.

Tu, ó Eterno, nos deste os mesmos
e colocaste a plenitude
da infinidade nos nossos nomes.
Os nossos nomes,
que Tu sopraste para dentro de nós,
são o amor e a sabedoria –
a plenitude vinda de Ti,
a lei em nós e através de nós.
O nosso reino eterno é o infinito –
a força e a glória em Ti e provenientes de Ti.
Nós somos herdeiros do reino eterno.
Por isso, somos o próprio reino,
a pátria eterna.
Ela está em nós e atua através de nós.
A Tua vontade infinita e gloriosa está em nós
e atua através de nós.
A força da Tua vontade
é a nossa força de vontade.
Ela atua em nós e através de nós,
pois nós somos espírito do Teu espírito.
O céu não é tempo nem espaço –
o céu e a Terra são um,
porque nós estamos unidos em Ti.

O amor e a força em nós e através de nós
é o nosso pão de cada dia.
Tu, ó Pai eterno e glorioso,
fizeste surgir em nós
tudo o que vibra no infinito.
Tu crias através de nós no céu
e na Terra.
Estamos em Ti, e Tu prevaleces
em nós e através de nós.
Estamos preenchidos no Teu espírito,
pois somos espírito do Teu espírito.
Somos ricos em Ti,
uma vez que vivemos a nossa herança,
o infinito que provém de Ti.
A nossa herança eterna,
espírito do Teu espírito,
faz surgir para nós
aquilo que precisamos como seres humanos
no Reino da Paz.
Vivemos em Ti e a partir de Ti.
A vida flui e se dá.
Vivemos na plenitude vinda de Deus,
pois nós mesmos somos a plenitude.

A Terra é o céu,
e o Reino da Paz é a riqueza da Terra,
na qual vivemos e somos –
espírito do Teu espírito.
Vivemos no reino interior –
e contudo, somos seres humanos
que personificam no exterior
o que irradia no interior.

Louvado é o nome do Senhor,
Ele é a vida em nós e através de nós.
O nome de Deus é a lei de amor vivida
e a liberdade.
O pecado foi transformado –
a luz chegou.

Vivemos da Sua luz
e vivemos em Seu espírito e
a partir do Seu espírito,
uma vez que somos espírito do Seu espírito.
Em Deus está tudo compensado.
O Seu nome purificou tudo.
Louvada seja a glória de Deus!

Vontade, amor e sabedoria de Deus
traspassam a Terra e o campo.
Nós mesmos somos a Terra e o campo –
vontade, amor e sabedoria.
Em nós está a bondade de Deus –
o bom proveniente de Deus.
Estamos em Deus e atuamos a partir de Deus.
A Terra é do Senhor –
ela é o reino de amor.
Ela atua em nós e através de nós.

A vida, a glória do Pai,
atua em nós e através de nós –
de eternidade a eternidade.

Segundo o seu significado, este louvor é a vida
dos que vivem no Reino da Paz de Jesus Cristo.
Vivem em Mim, o Cristo, e Eu vivo através deles. E juntos, vivemos em Deus-Pai-Mãe, e o Pai
vive através de nós de eternidade a eternidade.

Porque, se perdoardes aos homens as suas ofensas, também vosso Pai celestial vos perdoará a vós; se, porém, não perdoardes aos homens as suas ofensas, também vosso Pai nos céus não vos perdoará as vossas ofensas.

E, quando jejuardes, não vos mostreis contristados como os hipócritas; porque desfiguram o rosto, para que aos homens pareça que jejuam. Em verdade vos digo que já receberam o seu galardão.

E eu vos digo: a menos que vos guardeis do mundo e de seus maus caminhos, de modo nenhum encontrareis o reino; e a menos que guardeis o sábado e cesseis a vossa diligência em ajuntar riquezas, não vereis vosso Pai nos céus. Tu, porém, quando jejuares, unge a cabeça, e lava o rosto, para não pareceres aos homens que jejuas, e o Santíssimo, que vê em segredo, te recompensará publicamente. (Cap. 26: 7-9)

Cristo explica, retifica
e aprofunda a palavra:

O mandamento de perdoar e pedir perdão terá validez até que tudo que não corresponde às leis eternas tenha sido expiado e purificado. O mandamento de perdoar e pedir perdão pertence à lei de semente e colheita. Será abolido quando tudo o que é humano tenha sido compensado e cada alma tenha chegado a ser um ser espiritual puro e imaculado.

Até lá, portanto, vale o mandamento: perdoem e receberão perdão. Quando pedirem perdão e o seu próximo lhes perdoar, então também o seu Pai no céu lhes perdoa. Mas se pedirem perdão e o seu próximo ainda não lhes perdoa porque ainda não está disposto a fazê-lo, tampouco lhes perdoará o seu Pai eterno. Quem pecou contra o seu próximo também tem que receber perdão do seu próximo. Só então, Deus retira o pecado.

O eternamente Justo ama a todos os Seus filhos – também aqueles que ainda não têm força para perdoar. Se Ele apenas perdoasse àquele que provocou um pecado, e não perdoasse àquele que foi desencaminhado pelo outro a pecar e ainda não pode perdoar – onde estaria a justiça de Deus? Ambos poderão entrar no céu só quando os seus pecados forem compensados.

Portanto, prestem atenção ao que sai de sua boca, e prestem atenção que os seus atos correspondam à lei eterna, portanto, que sejam abnegadas! Muito rapidamente se pronuncia ou se faz algo negativo – porém pode passar muito tempo até que esteja perdoado.

Se pedirem perdão e o seu próximo ainda não está disposto a lhes perdoar, a graça de Deus intensificar-se-á em vocês, envolvendo-lhes e apoiando-lhes – porém, não retirará de vocês o que ainda não tenha sido purificado. A misericórdia de Deus então também se intensificará no seu próximo e conduzi-lo-á, respeitando o seu livre arbítrio, de maneira que reconheça mais rapidamente as suas faltas, se arrependa e lhe perdoe. Só quando todos aqueles contra os quais pecaram lhes tenham perdoado – ou seja, quando tudo estiver compensado – é que poderão entrar no céu, porque Deus haverá transformado então todo o humano em força divina.

Deus é onipresente. Portanto, também é ativo na lei de semente e colheita. Também em tudo o que é negativo está o positivo, Deus, a lei eterna. Se a pessoa reconhecer os seus pecados e faltas e se arrepender deles, então as forças positivas ativar-se-ão neles e fortalecerão a pessoa que reconheceu a sua culpa, para que purifique os seus pecados com a força de Cristo.

Reconheçam a lei de Deus, que é a vida eterna de eternidade a eternidade – tudo no todo: Tudo está contido no todo; no grande, o mais pequeno e no mais pequeno, o grande; no pecado, a força para perdoar, e na força que se liberta pelo ato de perdão, a ascensão à vida interior, ao eterno SER.

Por isso, também no negativo pode atuar o divino – no momento em que a pessoa peça perdão de coração, perdoe e não volte a pecar. Não obstante, a pessoa tem que dar o primeiro passo para a vida interior.

Reconheçam: Em tudo o que fizerem – seja que orarem, jejuarem ou derem esmolas – se não o fizerem abnegadamente, mas sim para serem vistos pelos seus semelhantes, já receberam a sua recompensa dos seres humanos. Neste caso, Deus não lhes recompensará. E se apenas jejuarem devido à sua obesidade, não aumentarão o espírito do seu Pai em vocês. Mas quem tomar os alimentos em nome do Altíssimo, e for moderado, jejuando de vez em quando para relaxar o corpo e o desintoxicar, a fim de que a força de Deus possa abastecer todas as células e órgãos de maneira correta, estará exercitando-se com retidão em aceitar e receber a vida proveniente de Deus, a fim de viver nela. E ao mesmo tempo, irá consagrar a sua vida a Deus, ao Eterno, na oração, para assim se tornar pouco a pouco em oração que é vivida.

Não se lamentem pelos seus mortos

Do mesmo modo fazei também quando lamentardes os mortos e estiverdes tristes, pois a vossa perda é o ganho deles. Não sejais como aqueles que choram diante dos homens e lamentam em alta voz e rasgam as suas vestes, para que os homens vejam que choram. Porque todas as almas estão nas mãos de Deus, e aqueles que fizeram o bem repousam com os seus ancestrais no seio do Eterno.

Antes orai pelo descanso e progresso deles, e considerai que eles se encontram na terra do descanso, que o Eterno lhes preparou, e que têm a justa recompensa de seus atos, e não murmureis como aqueles que nenhuma esperança têm. (Cap. 26: 10-11)

Cristo explica, retifica
e aprofunda a palavra:

Quem se lamenta pelos mortos ainda está longe da vida eterna, porque vê a morte como o fim da vida. Ainda não alcançou a ressurreição em Mim, o Cristo, e encontra-se entre os espiritualmente mortos.

Não se lamentem pelos seus mortos! Porque quem se lamenta da perda de uma pessoa não pensa no ganho para a alma, a qual – na medida em que tenha vivido em Mim, o Cristo – entrará em esferas de consciência de vida mais elevadas; pois se a sua vida na existência terrena esteve em Deus, também estará em Deus numa outra forma de existência.

Reconheçam: O temporal, a vida no corpo, não é a vida da alma. A alma entrou na carne apenas por um breve período de vida para purificar e pagar no temporal o que impôs sobre si mesma em diferentes trajes terrenos. Há que considerar a Terra apenas como uma estação transitória, na qual as almas em traje terreno purificam em pouco tempo o que não podem superar tão rapidamente além dos véus de consciência – também denominados de muros de névoa.

Quando uma alma abandona o seu traje terreno, o ser humano apenas chora pelo traje da alma e não pensa na alma que escapou do traje.

Depois de descartar o seu corpo terreno, uma alma luminosa é conduzida por seres luminosos invisíveis para o ser humano, àquele plano de consciência que corresponde à maneira de pensar e de viver do ser humano no qual a alma esteve encarnada.

Reconheçam: Cada alma que abandonou o corpo é atraída durante algum tempo para as pessoas com as quais conviveu enquanto ser humano. Se ela se aperceber que os seus antigos familiares terrenos choram pelo seu invólucro, isto é muito doloroso para a alma. A alma ainda próxima da Terra dá-se conta perfeitamente de porque seus parentes só lamentam pelo seu invólucro humano e porque não é levada em conta como alma por aqueles que estão de luto. Uma alma que tem que dar-se conta disso sente em si a primeira dor profunda de alma depois de descartar o corpo físico; pois ela apercebe-se de porque as pessoas choram e não pensam nela com amor e união. Ao mesmo tempo, vê alguns pensamentos egoístas dos seus antigos familiares terrenos. Ela não pode fazer com que eles reparem nela porque não pode ser percebida por eles. O que ela diz, não é ouvido pelas pessoas, e o que vê, não é visto por elas. Mas a alma percebe muita coisa.

Eu lhes animo a que reflitam: Vocês lamentam, quando a serpente muda de pele, quando deixa a sua pele para trás e continua a serpentear?

É similar com a alma. Ela abandona o seu corpo que é corruptível, o seu invólucro, e segue o seu caminho. Vocês, pois, lamentam a perda do invólucro e não pensam na alma! Quem pensa na alma, dá graças a Deus que chamou a alma para que regresse ao Seu seio na medida em que esta tenha aproveitado a vida em Deus estando em vestes terrenas, aproximando-se mais d'Ele. Lembrem-se de que para uma alma luminosa o descartar do corpo é um ganho.

E se choram perante seres humanos apenas pela perda de um ser humano fazem papel de hipócritas ante eles. Em realidade, vocês não pensam nem no ser humano nem na alma. Apenas pensam em si mesmos. A alma registra isso, dá-se conta de que não foi amada abnegadamente, que possivelmente apenas estava aí para o proveito do seu próximo.

Muitas almas têm que dar-se conta de que estando em veste terrena foram vividas pelos seus familiares e conhecidos terrenais. Isto significa que não puderam desenvolver-se a si mesmos como seres humanos nem viver de acordo com as características da sua natureza, porque tiveram que fazer a vontade dos que exigiam o que era vantajoso para si mesmos. Muitas dessas almas veem o que perderam durante a sua existência terrena e – também por causa disso – voltam à existência terrena. Regressam à Terra passando pelos véus de consciência e, como alma, encontram-se de novo entre aqueles que viveram através delas. Outras, por outro lado, tentam vivenciar na Terra o que não puderam desenvolver enquanto seres humanos.

Enquanto pessoas estão vinculadas a outras pessoas ou coisas – como bens, riqueza e poder – as suas almas voltarão à Terra e voltarão a entrar de novo em veste terrena. Existem múltiplas causas e motivos pelos quais as almas voltam a encarnar. Se, por exemplo, uma alma se dá conta de que está acorrentada aos seus parentes por meio de pecados, frequentemente resigna-se e entrega-se ao desejo de tomar um corpo novamente. Animada por este desejo, vive no plano de consciência que corresponde ao seu estado de alma, e aí é instruída. Entre outras coisas, faz-se-lhe compreender os prós e contras de uma nova encarnação. Ela encarnará quando os astros nos quais está gravado o seu "pró e contra" – e, portanto, o seu caminho terreno – mostrem o caminho para a matéria e quando na Terra seja procriado um corpo terreno que corresponda ao seu estado de consciência como alma. Neste invólucro humano entrará durante o parto.

O homem que procriou o corpo e a mulher na qual o embrião desenvolveu atraíram aquela alma com a qual têm ainda que purificar algo – ou para percorrer junto com ela o caminho do Senhor, servindo ao próximo abnegadamente.

Que a pessoa não olhe somente ao seu corpo, mas sim, antes de tudo, ao ser encarnado em si, esforçando-se por cumprir a vontade de Deus e não deixando a vontade humana de segundos ou terceiros impor-se.

Reconheçam: Também se vocês dizem, "eu faço a vontade do meu próximo para manter a paz exterior", estão impedindo a sua alma e também a alma do seu próximo de se desenvolver e de se desabrochar de maneira boa para ambas. Vocês impedem a si mesmos e ao seu próximo de cumprir as tarefas que as suas almas trouxeram à existência terrena: de purificar-se e libertar-se da carga do pecado que talvez tenha sido trazida de vidas anteriores para esta encarnação. Quem se deixa tutelar pelos seus semelhantes, ou seja, quem faz o que os outros dizem, mesmo dando-se conta de que esse não é o seu caminho, está sendo vivido e vive passando desatento ao lado da sua verdadeira existência terrena. Ele não aproveita os dias; está sendo utilizado por aqueles a quem é servil, e por isso não conhece o seu caminho como ser humano por esta Terra.

Quem vincula os seus semelhantes, impondo-lhes a sua vontade, é comparável a um vampiro que suga a energia dos seus semelhantes. Ele não se conhece a si mesmo e ao mesmo tempo vincula-se às suas vítimas – e vice-versa, a vítima que se deixa sugar também se vincula a ele. Numa das vidas, seja em veste terrena ou como alma nos âmbitos do além, ambos serão reunidos novamente, e isto, tantas vezes e por tanto tempo, até que se tenham perdoado um ao outro.

Se dois se vinculam mutuamente – não importa se um se vinculou ou se deixou vincular – ambos se carregaram, e ambos têm que purificar juntos para que o amor e a unidade possam ser restabelecidos entre eles.

Ninguém pode dizer: "Eu não sabia nada acerca das leis de vida." Eu vos digo: Moisés trouxe-lhes os extratos da lei eterna, os Dez Mandamentos. E se os guardarem, não se vincularão uns aos outros, mas sim viverão em paz uns com os outros.

Reconheçam: Apenas o amor e a unidade entre si mostram às almas e seres humanos os caminhos para a vida mais elevada.

Deus, o eternamente bondoso, estende a Sua mão a cada alma e a cada ser humano. Quem a toma, aproveita a sua vida terrena. Ele valoriza os dias e também pode vivê-los de acordo com os mandamentos, purificando o que cada dia lhe mostre. Um dia caminhará e descansará em Deus como alma e com todos aqueles que igualmente aproveitaram a sua existência terrena, reconhecendo e superando dia a dia Comigo, o Cristo, o que os dias lhes trouxeram e mostraram – alegria e sofrimento.

E se não se lamentarem – por causa de si mesmos – pelo invólucro mortal o qual o seu próximo descartou, senão que se alegrarem em espírito que a alma, estando em veste terrena, reconheceu a sua vida espiritual e preparou-se para ela, então irão orar alegres ao Pai pelo seu próximo através de Mim, o Cristo. Enviarão forças de amor à alma que agora está mais perto de Deus, a fim de que possa encaminhar-se a planos mais elevados para unir-se cada vez mais com Deus.

A alma sente a alegria e o sofrimento dos seus familiares. As almas que faleceram em Mim, o Cristo, sentem-se unidas através de Mim, o Cristo, com todos os que ainda caminham em veste terrena. A alegria da alma de que os seus familiares se recordam dela com amor, enche-a de força.

Reconheçam: As orações abnegadas e amorosas dão à alma caminhante força e vigor no seu caminho ao divino. Nas suas orações abnegadas ela sente a união e recebe força incrementada. Com isso, ela irá descartar mais rapidamente os aspectos humanos que ainda aderem a ela, e assim tornar-se-á livre para Aquele que é a liberdade e o amor – Deus, a vida. A recompensa de Deus é grande para cada alma que se esforça seriamente por cumprir a vontade de Deus.

Reconheçam: Só carece de esperança aquele que apenas fala de sua fé sem viver o que aparenta crer. Em última análise, o duvidoso não crê no que finge crer. Daí se desenvolve a falta de esperança.

Onde está o seu tesouro,
ali está o seu coração

ão ajunteis tesouros na terra, onde a traça e a ferrugem tudo consomem, e onde os ladrões minam e roubam; mas ajuntai tesouros no céu, onde nem a traça nem a ferrugem consomem, e onde os ladrões não minam nem roubam. Porque onde estiver o vosso tesouro, ali está também o vosso coração.

As lâmpadas do corpo são os olhos; de sorte que, se a tua visão for clara, todo o teu corpo será cheio de luz. Se, porém, os teus olhos forem obscuros ou faltos, todo o teu corpo será cheio de trevas. Se, portanto, a luz que em ti há são trevas, quão grandes serão tais trevas!

Nenhum servo pode servir a dois senhores; porque, ou há de odiar um e amar o outro, ou se há de chegar a um e desprezar o outro. Não podeis servir a Deus e a Mamon. (Cap. 26: 12-14)

Cristo explica, retifica
e aprofunda a palavra:

Só acumula tesouros na Terra o ser humano que não crê em Deus, no Seu amor, sabedoria e bondade. Muitas pessoas fingem crer em Deus; contudo, pelas suas obras as reconhecerão! Muitas pessoas falam do amor e das obras de Deus – mas as reconhecerão apenas pelas suas ações.

Muitas pessoas falam do reino interior e da riqueza interior e, no entanto, trabalham para encher os seus próprios celeiros e acumulam riquezas terrenais para si mesmos a fim de serem bem-vistas pelos seres humanos.

Quem apenas considera o seu bem pessoal, ainda não sente a ave de rapina que já alçou as asas para destruir o ninho e arrebatar a riqueza que o rico, o construtor do ninho, chama de sua propriedade pessoal.

Porém, quem aspira em primeiro lugar ao Reino de Deus acumula valores interiores, tesouros interiores. Receberá também no temporal tudo o que necessita e além disso.

Quem for rico no seu interior não sofrerá necessidade exterior. Mas quem for rico de coisas exteriores e acumula as suas riquezas, um dia sofrerá necessidade. A quem acumula tesouros na Terra, estes ser-lhe-ão tirados, para que se recorde do tesouro do seu interior e possa entrar na vida, na riqueza interior.

Por tanto tempo faltará luz divina para a alma até que aspire em primeiro lugar ao Reino de Deus. E enquanto na Terra ainda for possível, a alma pobre de luz encarnará de novo num corpo pobre de luz, e eventualmente irá viver na pobreza entre os pobres. O reconhecimento chegará de que o tesouro, a riqueza, se encontra unicamente em Deus. Aquele cujo coração está com Deus será rico de valores interiores e entrará no Reino da Paz.

Eu, Cristo, dou a vocês uma medida para que se dêem conta de onde vocês se encontram – na luz ou na sombra: "Porque onde estiver o seu tesouro, ali está também o seu coração"; ali estará um dia a sua alma.

Tenham em conta: Quem lê estas palavras e se encontra na mudança da antiga para a Nova Era deveria apressar-se para ainda poder encontrar a sua vida espiritual! Pois quando a Nova Era, a Era de Cristo, se manifestar em toda a Terra e se viver a vida interior, não haverá mais encarnações para aqueles que aspiram a valores exteriores. Tampouco haverá mais encarnações para os ricos da Terra, para assim expiar como os mais pobres entre os pobres, aquilo que deixaram de fazer como ricos.

Uma vez que o Reino da Paz de Jesus Cristo tiver dado mais passos evolutivos não haverá pobres nem ricos. Então, todos os seres humanos serão ricos no Meu espírito, sendo que haverão aberto o reino interior. Também viverão na nova Terra de acordo com o que lhe corresponde, debaixo de um outro céu.

Portanto, estejam preparados para servir a Deus e, pelo amor a Deus, também aos seus semelhantes.

Reconheçam: Ninguém pode servir a dois senhores, a Deus e a Mamon. Apenas o amor abnegado une todos os seres humanos e povos. O ser humano na Terra e a alma nos âmbitos de purificação – ambos serão um dia levados a decidir-se: servir a Deus, ou a Mamon, de estar a favor, ou contra Deus. Não há nada entremeio: a favor de Deus ou a favor do satânico.

Busquem primeiro o Reino de Deus

Por isso vos digo: Não andeis cuidadosos quanto à vossa vida, pelo que haveis de comer ou pelo que haveis de beber; nem quanto ao vosso corpo, pelo que haveis de vestir. Não é a vida mais do que o mantimento, e o corpo mais do que o vestuário? Pois, que aproveitaria ao homem ganhar todo o mundo e perder a sua vida?

Olhai para as aves do céu, que nem semeiam, nem colhem, nem ajuntam em celeiros; e vosso Pai celestial as alimenta. Não sois vós muito mais cuidados do que elas? E quem de vós poderá, com todos os seus cuidados, acrescentar um côvado à sua estatura? E, quanto ao vestuário, por que andais solícitos? Olhai para os lírios do campo, como eles crescem; não trabalham nem fiam. E eu vos digo que nem mesmo Salomão, em toda a sua glória, se vestiu como qualquer deles.

Porque, se Deus assim veste a erva do campo, que hoje existe, e amanhã é lançada no forno, não vos vestirá muito mais a vós, homens de pouca fé?

Não andeis, pois, ansiosos, dizendo: Que comeremos, ou que beberemos, ou com que nos vestiremos? (Porque todas essas coisas os gentios procuram). Porque vosso Pai celestial bem sabe que necessitais de todas essas coisas. Mas, buscai primeiro o Reino de Deus e a sua justiça, e todas essas coisas vos serão acrescentadas. Não antecipeis os males do amanhã; basta a cada dia o seu mal. (Cap. 26: 15-18)

Cristo explica, retifica
e aprofunda a palavra:

Quem se preocupa com a sua vida pessoal, com o seu bem-estar – com o que, por exemplo, comerá ou beberá amanhã, ou o que terá para vestir – é um mau planejador, porque, com isso, está só pensando em si mesmo, no seu próprio bem-estar e no que possui. Desta maneira, também planeja ao mesmo tempo, a sua dor e sofrimento.

Quem, por outro lado, cumpre a vontade de Deus, é um bom planejador. Planejará tanto os seus dias como o seu futuro. Porém, sabe que os seus planos só são uma diretriz que descansa nas mãos de Deus.

Ele coloca o seu plano nas mãos de Deus, trabalha com as forças de Deus e deixa-se conduzir por Deus nos acontecimentos diários, porque sabe que Deus é o espírito onisciente e a riqueza de sua alma. Quem se confia a Deus, colocando o seu trabalho diário na luz de Deus e cumpre a lei "Ore e trabalhe" receberá a justa recompensa. Possuirá tudo o que necessita.

Se Deus, o Eterno, adorna a natureza e veste os lírios do campo, tanto mais alimentará e vestirá o Seu filho que cumpre a Sua vontade! Portanto, não se preocupem com o dia de amanhã, planejem e entreguem o seu plano à vontade de Deus – e Deus, que conhece o seu plano, lhes concederá o que for bom para vocês.

Eu dou um exemplo: Um bom arquiteto planeja cuidadosa e detalhadamente a casa. Quando tenha terminado o seu plano, fará mais uma vez uma revisão do mesmo e o apresentará ao construtor para que o examine. Se este estiver de acordo com o plano, então os pedreiros trabalharão segundo este plano. O arquiteto e o construtor supervisionarão a execução e apenas intervirão quando algo não corresponder ao planejamento.

De forma similar deveriam fazer na sua vida: Planejem cada dia e planejem bem! Concedam-se também tempo para horas de recolhimento, nas quais encontrarão a tranquilidade interior e poderão rever a sua vida e o seu planejamento. Um planejamento diário e cuidadoso que foi entregue à vontade de Deus, também será traspassado por Deus com a Sua vontade. Quem executa o seu plano desta maneira não precisa preocupar-se com o dia de amanhã. A sua fé na condução de Deus são os pensamentos positivos; destes resultam as palavras positivas e um atuar lícito. Pensamentos, palavras e ações positivos são as melhores ferramentas, porque nelas atua a vontade de Deus. Isto significa que em cada pensamento positivo, em cada palavra abnegada, em cada gesto e ato abnegado atua a vontade de Deus, o Seu espírito. Deus dará ao bom planejador tudo o que necessita e ainda mais.

Só se preocupa com o dia de amanhã quem não se entrega a Deus e deixa passar os dias sem os aproveitar. Quem vive de dia a dia e dá a culpa ao próximo quando algo lhe sai mal, quando está doente, quando tem fome, ou quando não pode adquirir o suficiente para a vida diária, não é um bom planejador. É uma pessoa medrosa, egocêntrica, que atrai o que não deseja e do qual tem medo. Quem não planeja as horas, dias e meses com a ajuda de Deus, colocando o seu planejamento e a si mesmo na vontade de Deus, não pode ser conduzido por Deus. Só quem confia a sua tarefa diária a Deus e cumpre conscienciosamente o mandamento "Ore e trabalhe" é que pode ser conduzido por Deus, sendo preenchido por Ele – este está repleto de amor, sabedoria e força. Isto significa que o seu recipiente, a sua vida, está preenchida de confiança e fé em Deus.

Os seres humanos que estão no espírito de Deus não sofrerão necessidade. São bons planejadores, são fortes na fé e trabalham com as forças do Espírito. Só o medroso se preocupa consigo mesmo, com o seu pequeno ego. Preocupa-se com o dia de amanhã, porque não está fortalecido em Deus e não crê na sabedoria e no amor de Deus. Assim, abre inconscientemente os celeiros para os ladrões que virão e o roubarão. Ele perderá o que conquistou e acumulou para si mesmo.

Os seres humanos recebem alimento, abrigo e roupa da mão de Deus. Quem coloca a sua vida, o seu pensar e trabalhar nas mãos de Deus não precisa preocupar-se com o dia de amanhã. Possuirá o que hoje, amanhã e no futuro necessite – e ainda mais.

Portanto, quem vive no reino interior, não sofrerá necessidade no exterior. Porém, quem for pobre no seu interior sofrerá necessidade no exterior. Se ele hoje vive exteriorizado e acumula riquezas do mundo para si mesmo, guardando-as para si, é pobre no seu interior e, numa outra veste terrena, sofrerá necessidade, ou seja, será pobre.

Portanto, busquem primeiro o Reino de Deus e a Sua justiça, e ser-lhes-á dado por Deus tudo o que necessitam – e ainda mais. Olhem as aves do céu: não semeiam nem colhem nem armazenam em celeiros e, no entanto, o nosso Pai celeste alimenta-as.

"Olhai para os lírios do campo, como eles crescem; não trabalham nem fiam." A natureza na sua diversidade está vestida com mais beleza que o homem mais rico entre os ricos. Quem apenas pensa no seu bem-estar e nos seus celeiros cheios terá que ganhar o seu pão com o suor do seu rosto – ou já nesta existência terrena, ou noutra encarnação – enquanto isto ainda for possível.

Orar e trabalhar corretamente significa trabalhar para si e para o bem comum. Reconheçam: Os lírios do campo – de fato, toda a natureza – estão aqui para todos os seres humanos e oferecem-se-lhes na maior diversidade. Quem é capaz de captar e apreciar isto não terá que ganhar o seu pão com o suor do seu rosto. Cumprirá a lei "Ore e trabalhe" para si mesmo e para o seu próximo.

E se está escrito, *"...não trabalham nem fiam"*, isto significa que o ser humano não deve apenas pensar em si mesmo e trabalhar só para conseguir benefícios unicamente para si, a fim de adornar-se com isto e exibir-se.

Reconheçam: Todo o SER está sob o cuidado de Deus. Animais, árvores, plantas, ervas e pedras estão sob o cuidado de Deus. Estão na vida evolutiva que é dirigida pelo Deus criador eterno. Uma vez que toda a vida procede de Deus, também os animais, as árvores, as plantas, as ervas e as pedras sentem. Experimentam em si a força evolutiva do Criador que os vivifica e que os conduz a que continuem a desenvolver-se no ciclo dos éons divinos. A força criadora, o eterno SER, dá aos reinos da natureza o que necessitam. As dádivas de vida fluem para as formas de vida na medida em que estão espiritualmente desenvolvidas.

O Pai eterno se lembra de cada ervinha. Tanto mais se lembrará o Eterno dos Seus filhos que já desenvolveram em si os níveis evolutivos dos reinos mineral, vegetal e animal! Os filhos de Deus portam em si mesmos o microcosmo proveniente do macrocosmo e, por conseguinte, estão em comunicação com todo o infinito.

Quão pobre é o ser humano que se preocupa com o dia de amanhã! Ele mesmo mostra que não superou ainda o dia de ontem, uma vez que não consegue viver no hoje, no agora, ou seja, em Deus.

O interior do ser humano, o Ser puro, é a essência do infinito. Quem, sendo ser humano, captar isto, olha para o interior e desenvolve as leis de vida para que possa contemplar todo o exterior na luz da verdade.

Reconheçam: O ser humano que pensa e vive de forma toda-abrangente – ou seja, sem limites – será servido pelo infinito. Os seres humanos que estão no espírito do amor não se concentram em si mesmos, mas sim são conscientes da totalidade. Estão em comunicação constante com as forças de Deus em todo o SER. O que fazem, fazem-no a partir do interior com a força do amor. Planejam e trabalham segundo o mandamento "Ore e trabalhe" e não desperdiçam os dias. Sabem do valor que os dias, as horas e os minutos têm, e aproveitam o tempo.

Assim, quem verdadeiramente vive não se preocupa com o dia de amanhã; já está a receber hoje o que possuirá amanhã, pois quem vive em Deus não sofrerá necessidade – nem hoje, nem amanhã. Mas quem permanece no temor e apega-se aos seus bens será pobre amanhã.

No entanto, quem se vê como ser cósmico, que cumpre sem reserva a vontade de Deus alcançará sabedoria e força. A vida de quem está cheio de amor e sabedoria está traspassada pela força de Deus. Nada lhe faltará. Todavia, quem se preocupa com o dia de amanhã e vê o futuro sombrio atrairá o mal, e cada dia terá a sua carga.

Portanto, não pensem com temor no dia de amanhã! Planejem com a força de Deus – e deixem que o Eterno trabalhe através de vocês. Então, os seus pensamentos serão imãs positivos que, por sua vez, atrairão o positivo e construtivo; pois pensamentos, palavras e ações são imãs que, por sua vez, atraem coisas iguais ou parecidas, de acordo com a sua natureza.

Não julguem sobre o seu próximo

ão julgueis, para que não sejais julgados, porque com o julgamento com que julgardes sereis julgados, e a medida com que medirdes será usada também para vós; e tal como fizerdes aos outros, assim também vos será feito. (Cap. 27: 1)

Cristo explica, retifica
e aprofunda a palavra:

Vocês leram que pensamentos, palavras e atos são imãs. Quem julga e condena o seu próximo em pensamentos e com palavras experimentará algo igual ou parecido em si mesmo.

Reconheçam: Os seus pensamentos, palavras e atos negativos são os seus próprios juízes. *"A medida com que medirdes"* – seja em pensamentos, ou em palavras e atos – será usada em vocês mesmos. Assim como menosprezam o seu próximo para enaltecer-se a si mesmos serão avaliados: reconhecerão o seu próprio valor e o sofrerão. E se vocês disserem: "A um deve bastar o que tem e o outro deve receber mais", então algum dia apenas irão possuir tanto como, ou ainda menos que, aquele ao qual concederam menos. Assim como vocês vão ao encontro do seu próximo, seja em pensamentos, palavras, e atos, assim viverão vocês mesmos um dia.

Comece consigo mesmo

E por que reparas tu no argueiro que está no olho do teu irmão, e não vês a trave que está no teu olho? Ou como dirás a teu irmão: Deixa-me tirar o argueiro do teu olho, estando uma trave no teu? Hipócrita, tira primeiro a trave do teu olho, e então cuidarás em tirar o argueiro do olho do teu irmão. (Cap. 27: 2)

Cristo explica, retifica
e aprofunda a palavra:

Só fala constantemente sobre o argueiro no olho do seu próximo a pessoa que não se apercebe da trave no seu próprio olho. Só se empenha em tirar o argueiro do olho do seu irmão aquele que não conhece a sua própria forma de pensar e viver. Quem não se conhece e não conhece a sua trave – os pecados da alma que se refletem nos seus próprios olhos – este não tem olhos para a verdade. A sua visão está enublada pelo pecado. Ele vê então no próximo apenas o que também ele mesmo ainda é: um pecador. Só quem trabalhar na trave que existe no seu próprio olho vê progressivamente com mais clareza. Então poderá ver cada vez mais claramente o argueiro no olho do seu irmão e ajudá-lo a eliminá-lo segundo a lei de amor ao próximo.

Portanto, quem fala negativamente dos seus semelhantes, os menospreza e fala mal deles, não conhece os seus próprios erros.

Pelos seus frutos os reconhecerão! Cada um mostra ele mesmo quem é – ou seja, os seus frutos. Quem se irrita com os seus semelhantes e os ridiculariza mostra quem realmente é.

Quem primeiro desvencilhar-se do seu próprio erro também é capaz de ajudar o seu próximo. Por isso, todo aquele que fala de maneira pejorativa sobre as faltas do seu irmão sem notar a trave do seu próprio olho é um hipócrita.

Não missione

ão deis aos cães as coisas santas, nem lanceis aos porcos as vossas pérolas, para que não as pisem com os pés e, voltando-se, vos despedacem. (Cap. 27:3)*

Cristo explica, retifica
e aprofunda a palavra:

Não corresponde à lei eterna do livre arbítrio que vocês vão com as palavras da verdade de um lugar para o outro, de casa em casa, fazendo uso da sua arte de convencer e persuadir, fazendo proselitismo a tantos quantos estão ao seu alcance. Isto significaria que não santificam a verdade e que fazem o que está escrito nesta imagem: *"Não deis aos cães as coisas santas, nem lanceis aos porcos as vossas pérolas."* Não devem, pois, impor a palavra de Deus ao seu próximo. Quem crê que o seu próximo deveria crer e aceitar aquilo do qual ele mesmo crê estar convencido, ainda tem dúvidas e põe em dúvida a sua própria fé.

O proselitismo significa querer convencer. Quem quer convencer, ainda não está convencido no seu interior daquilo que preconiza.

Sejam, no entanto, bons exemplos da sua fé e não façam proselitismo. Podem oferecer o conteúdo da sua fé e deixar a cada um a liberdade de querer crer nisso ou não, e de querer participar ou não com vocês.

A liberdade em Deus é um aspecto da lei eterna. Se o seu próximo vem ter com vocês de livre vontade e pergunta acerca da sua fé, ele está dando o primeiro passo ao seu encontro. E quem está firme na sua fé aproximar-se-á do seu próximo e responder-lhe-á.

Quem está numa comunicação divina com o seu próximo não o vinculará à sua fé – mas apenas lhe dirá tanto quanto ele mesmo reconheceu e realizou. Só aquele que desenvolveu pouco amor abnegado quer vincular o próximo à sua fé.

Portanto, tenham cuidado dos zelosos que querem persuadir-lhes para que aceitem a sua fé. Ofereçam a verdade eterna por palavra e escrito e vivam vocês mesmos conforme a mesma; então se aproximarão de vocês os que reconheceram a vida em si mesmos.

edi, e dar-se-vos-á; buscai, e encontrareis; batei, e abrir-se-vos-á. Porque, aquele que pede, recebe; e, o que busca, encontra; e, ao que bate, abrir-se-lhe-á. (Cap. 27: 4)

Cristo explica, retifica
e aprofunda a palavra:

Só pede, procura e bate à porta da vida interior o ser humano que ainda não entrou no seu interior, no reino de amor. O Reino de Deus está dentro da alma de cada ser humano.

O primeiro passo na vereda para a vida interior, no caminho para a portão da salvação, é pedir a Deus ajuda e apoio. O passo seguinte é a procura do amor e da justiça de Deus. O caminhante encontra a vida, o amor e a justiça de Deus nos mandamentos de vida que apontam ao caminho para o interior.

Outro passo é bater à porta da própria câmara do coração, ao portão interior. Esta porta para o coração de Deus apenas se abre para aquele que orou, buscou e bateu à porta sinceramente. Ao homem intelectual que apenas aspira aos valores e ideais exteriores, não se abre a porta interior. Tampouco os que duvidam receberão.

Assim, quem pede, procura e bate à porta deverá fazê-lo por amor a Deus e não para pôr à prova o amor de Deus.

Reconheçam: Quem só quer pôr à prova se o amor de Deus realmente existe, irá ele mesmo deparar-se rapidamente com a pedra-de-toque. Para quem vive em Deus, está aberta a porta do coração. Já não precisa pedir – pois já recebeu, porque Deus conhece os Seus filhos. Quem entrou no coração de Deus já recebeu na sua alma. Isto significa que a riqueza proveniente de Deus brilha mais intensamente na sua alma e irradia através dele, o ser humano. Quem entrou no seu interior já não precisa buscar – ele está em casa no reino do interior. E quem conscientemente habita n'Ele já não precisa bater à porta; pois já entrou, e vive em Deus e Deus vive através dele.

Só pedirão, buscarão e baterão à porta aqueles que ainda estão fora e não sabem ainda que no fundo da sua alma eles portam o que os faz verdadeiramente ricos: o amor e a sabedoria de Deus.

Dê o que você espera

E qual dentre vós é o homem que, pedindo-lhe pão o seu filho, lhe dará uma pedra? E, pedindo-lhe peixe, lhe dará uma serpente? Se vós, pois, sendo maus, sabeis dar boas coisas aos vossos filhos, quanto mais vosso Pai, que está nos céus, dará bens aos que lhe pedirem!

Portanto, tudo o que vós quereis que os homens vos façam, fazei-lho também vós. E o que vós não quereis que os homens vos façam, não lho façais também vós; porque esta é a lei e os profetas. (Cap. 27: 5-6)

Cristo explica, retifica
e aprofunda a palavra:

Reconheçam: Não devem exigir dos seus semelhantes o que vocês mesmos não estão dispostos a dar.

Quando esperarem algo do seu próximo, que ele tem de fazer para vocês, perguntem-se a si mesmos: por que não o fazem vocês mesmos?

Quem, por exemplo, espera dinheiro e bens do seu próximo para que ele mesmo, que está no comodismo, não tenha que trabalhar, ou quem espera fieldade do seu próximo sem ser ele mesmo fiel, ou quem, mesmo desejando ser aceito e acolhido pelo próximo, não aceita nem acolhe ele mesmo os seus semelhantes – este é egocêntrico e pobre de espírito.

Qualquer coisa que você exige do seu próximo, você mesmo não a possui no coração.

É ilícito que por uma atitude de expectativa se coaja os seus semelhantes a atos, declarações ou comportamentos que por si mesmos não estariam dispostos a fazer.

Uma vez que você reconhece a sua atitude de expectativa nos seus desejos para com o seu próximo, dê rapidamente a volta e faz primeiro você mesmo o que exige dele.

Cada coação é uma pressão que, por sua vez, produz coação e contra-pressão. Com tal comportamento chantagista para com o seu próximo, você se vincula a ele e faz, tanto de si mesmo como da pessoa que se deixou chantagear, escravo da baixa natureza. Tais métodos de coação como, por exemplo, "eu espero de você, e você espera de mim; cada um dá ao outro o que este lhe exige", levam a vínculos.

Aquilo que está vinculado, não tem lugar nos céus. Ambos que se vincularam mutuamente voltarão a encontrar-se um dia, seja na vida de matéria fina ou em outras encarnações.

Esta forma de vínculo não vale no local de trabalho. Se você se incorporou voluntariamente na vida profissional a um âmbito laboral e o responsável lhe dá tarefas que deve executar dentro do campo da sua atividade, já ao entrar na empresa você deu o seu sim. Você se incorporou voluntariamente no âmbito de trabalho e na equipe de trabalho para fazer o que lhe seja encarregado. Portanto, se você escolhe um local de trabalho, também deve executar o que de acordo com o âmbito de trabalho elegido por você mesmo se lhe encarga. A afirmação, *"tudo o que vós quereis que os homens vos façam, fazei-lho também vós..."* não vale para a profissão ou para o âmbito laboral elegido pela própria pessoa.

"*O que vós não quereis que os homens vos façam, não lho façais também vós*" significa: Se não querem que se riam nem gozem de vocês, ou não querem que lhes roubem nem mintam, ou não querem ser despojados dos seus bens e fortuna, ou não querem ser tutelados, ou não querem que lhes roubem o seu livre arbítrio, ou não querem que lhes espanquem nem insultem, tampouco o façam aos seus semelhantes. Pois o que fazem ao mais humilde dos seus irmãos, fazem-no a Mim – e a vocês mesmos. O que não querem que se lhes façam, não o façam vocês ao seu próximo, porque tudo o que sai de vocês, volta a vocês. Portanto, examinem os seus pensamentos e tenham cuidado com a sua língua!

Resista à tentação – decida por Deus

ntrai pela porta estreita, porque estreita é a porta, e apertado, o caminho que leva à vida, e poucos há que a encontram. Mas larga é a porta, e espaçoso o caminho que conduz à perdição, e muitos são os que entram por ela. (Cap. 27: 7)

Cristo explica, retifica
e aprofunda a palavra:

"...estreita é a porta, e apertado, o caminho que leva à vida" significa: Em cada um dos que se esforçam por caminhar pelo caminho estreito à vida, se lhe apresenta o tenebroso e lhe mostra – como a Mim em Jesus de Nazaré – os tesouros e as comodidades deste mundo. Há que opor-se cada dia de novo ao satânico e resistir a ele. Quem não está alerta, lhe será servil.

Reconheçam: Cada qual que cumpre os primeiros passos para a vida, ao princípio sente-se restringido e limitado até que se tenha decidido definitivamente. Pois tudo o que pensou e fez de humano até ao momento deve agora abandoná-lo.

Os primeiros passos levam ao desconhecido – eles chamam-se crer e confiar. Até que os primeiros passos tenham sido dados, a vereda para a vida é estreita e apertada. Os primeiros obstáculos que deveriam ser superados no caminho ao coração de Deus chamam-se: muda a sua maneira de pensar e deixa os seus velhos costumes humanos! Arrependa-se, perdoe, peça perdão, e não volte a pecar! Isto significa para cada um esforço pessoal e uma conversão em tudo o que até agora estava acostumado a fazer.

No entanto, quem persevera com a Minha força, deixará a vereda estreita e chegará à grande avenida de luz que leva ao reino do interior, na qual ele se esforça com aqueles que caminham para dentro da luz para alcançar o portal ao Absoluto, a vida em Deus.

O ser humano é posto à prova a cada dia: a favor ou contra Deus.

Quem se decide contra Mim, mantendo todas as suas comodidades humanas e tudo o que o faz humano, não será tentado no caminho largo e obscuro, porque já se entregou ao tentador. Muitos de fato seguem este caminho que leva à perdição. Não são postos à prova como aqueles que seguem o caminho estreito que leva à vida.

Quem se entregou ao tentador, também dá o seu consentimento ilimitado ao que terá que colher de acordo com a sua semente.

*Pelos seus frutos
os reconhecerão*

A cautelai-vos, porém, dos falsos profetas, que vêm até vós vestidos como ovelhas, mas, interiormente, são lobos devoradores. Por seus frutos os conhecereis. Porventura colhem-se uvas dos espinheiros, ou figos dos abrolhos?

Assim, toda árvore boa produz bons frutos, e toda árvore má produz frutos maus. Toda árvore que não dá bom fruto apenas serve para ser cortada e lançada no fogo. Portanto, pelos seus frutos distinguireis os bons frutos dos maus. (Cap. 27: 8-9)

Cristo explica, retifica
e aprofunda a palavra:

No fim dos dias materialistas, do tempo de cobiça e de avidez, aparecerão muitos falsos profetas. Falarão muito sobre o amor de Deus, e, contudo, as suas obras são obras humanas. Não é um profeta autêntico e um sábio espiritual aquele que fala do amor de Deus, mas unicamente aquele cujas obras são boas.

O dom de examinar, no entanto, só tem aquele que primeiro examina a sua própria postura: se ele mesmo crê de verdade no evangelho de amor abnegado e também cumpre o sentido do evangelho, e o que ele mesmo realizou por amor abnegado ao seu próximo.

Vocês apenas poderão reconhecer os seus semelhantes e sentir a diferença entre o bom, o menos bom e o mau, quando tiverem alcançado alguns graus de madureza espiritual.

Quem ainda condena o seu próximo e pensa e fala negativamente dele, não pode ainda examinar os seus semelhantes. Falta-lhe o dom de discernimento. Ele apenas julga e não examina.

Se vocês mesmos ainda são maus frutos, como poderão reconhecer os bons frutos? A quem não realiza as leis de Deus, falta o dom de discernir o que é bom, menos bom e mal.

Quem desejar examinar o seu próximo terá que primeiro, pois, examinar-se a si mesmo para ver se possui o dom de discernimento entre o justo e o injusto.

Rapidamente pode-se rejeitar um bom fruto e aprovar o mau fruto: então, quando o fruto podre se tenha destacado com muita oratória e com muitas palavras e gestos aparentemente convincentes.

Reconheçam: Igual atrai igual. A quem ainda é um fruto podre, os frutos podres estão mais chegados do que os frutos bons. Mas quem é abnegado, é um bom fruto e também o bom, o abnegado, está mais chegado a ele.

Quem é abnegado também tem o dom de diferenciar para distinguir entre os frutos bons, menos bons e maus. Assim, quem deseja distinguir entre frutos bons e maus, primeiro terá que ser, ele mesmo, um bom fruto. Só o fruto bom pode reconhecer o mau fruto. O mau fruto volta sempre de novo a buscar os maus frutos que lhe são parecidos para atuar contra os frutos bons. Os frutos maus condenam, rejeitam, julgam e vinculam.

Os frutos bons e maduros têm compreensão, são de boa vontade e tolerantes, e bondosos para com o seu próximo. De fato, chamam à atenção sobre os males, mas guardam o seu próximo no seu coração. Isto significa que já não julgam nem condenam e nem sentenciam.

Repito: Pelos seus frutos os reconhecerão.

O bom fruto conhece o mau fruto, mas o mau fruto não conhece o bom fruto. O bom fruto só olha o bom, o mau fruto apenas o mau. A pessoa então pensa, fala e atua conforme isso.

Cumpra a vontade de Deus

Nem todo o que me diz: Senhor, Senhor! entrará no reino dos céus, mas aquele que faz a vontade de meu Pai que está nos céus. Muitos me dirão naquele dia: Senhor, Senhor, não profetizamos nós em teu nome? E em teu nome não expulsamos demónios? E em teu nome não fizemos muitas maravilhas? E então lhes direi: Nunca vos conheci; apartai-vos de mim, vós que praticais a iniquidade. (Cap. 27: 10)

Cristo explica, retifica
e aprofunda a palavra:

Quem apenas invoca o Meu nome e não cumpre a vontade do Meu Pai, apesar da sua oratória que aparenta efetividade espiritual e das suas palavras aparentemente prestativas, é pobre no seu espírito e não entrará no reino dos céus.

Mas quem leva a cabo obras abnegadas, sem esperar recompensa nem reconhecimento é o que faz a vontade do Meu Pai; pois, tal como atua, assim pensa e fala.

As obras abnegadas surgem apenas de sentimentos e pensamentos cheios da plenitude de Deus. Se os pensamentos do ser humano são impuros, também as suas palavras são vazias e os seus atos egocêntricos.

Reconheçam: Quem parece falar a partir do Eu Sou, ou seja, que aparentemente pronuncia a Minha palavra e parece levar a cabo obras em Meu nome, vivendo muito bem disto, já recebeu a sua recompensa. Não receberá nenhuma outra recompensa no céu. Quem abnegadamente fizer obras de amor e trabalha para ganhar o seu pão terreno, receberá a justa recompensa no céu.

Reconheçam: O pão espiritual é o alimento espiritual da alma. Há que ganhar o pão para o corpo segundo a lei "Ore e trabalhe".

O pão espiritual vem dos céus e é estendido aos que guardam a lei de amor e de vida, e também cumprem o mandamento "Ore e trabalhe".

212

Deus dá o alimento terreno ao ser humano através da terra. Os frutos da terra precisam ser preparados mediante o trabalho das mãos, de maneira que o trabalhador merece a recompensa pelo seu trabalho.

Compreendam a diferença entre o pão para a alma e o pão para o corpo terreno! É verdade que ambos procedem da mesma fonte, mas um é espiritual e é dado à alma, e o outro é substância densa, matéria, e é dado ao corpo físico. O que o grande Espírito, Deus, dá ao ser humano para o corpo físico precisa trabalho humano; por exemplo, há que semear, cultivar, colher e preparar. E para isso, o ser humano deve ser recompensado pelo ser humano.

No Reino de Deus só será admitido aquele que faz tudo por amor a Deus e aos seres humanos.

Edifique sobre a rocha – Cristo

Todo aquele, pois, que escuta estas minhas palavras, e as pratica, assemelhá-lo-ei ao homem prudente, que edificou sua casa sobre a rocha. E desceu a chuva, e correram rios, e assopraram ventos, e combateram aquela casa, e não caiu, porque estava edificada sobre a rocha.

E todo aquele que ouve estas minhas palavras, e não as cumpre, compará-lo-ei ao homem insensato, que edificou sua casa sobre a areia; e desceu a chuva, e correram rios, e assopraram ventos, e combateram aquela casa, e caiu, e foi grande sua queda. A cidade, porém, que é edificada no quadrado, encerrada em um círculo ou no topo de uma colina, e firmada sobre a rocha, não pode cair nem ser escondida.

E aconteceu que, concluindo Jesus este discurso, a multidão admirou-se de sua doutrina, porquanto os ensinava apelando à razão e ao coração; e não como os escribas, que ensinavam com base na sua autoridade oficial. (Cap. 27: 11-13)

Cristo explica, retifica
e aprofunda a palavra:

Quem escuta as Minhas palavras e as segue desenvolve a sua vida espiritual. Ele funda a sua vida sobre Mim, a rocha. Então também resistirá a todas as tempestades e águas. Após esta vida terrena, a sua alma entrará conscientemente na vida espiritual e não será aí forasteiro, porque já na Terra o ser humano terá vivido no reino do interior.

O espírito profético é o fogo no profeta e em todos os iluminados. Deus não falou nem fala através deles como aqueles que *"só ensinavam com base na sua autoridade oficial"*. Os profetas e iluminados falaram e continuam falando pela autoridade do Eterno, do Deus que fala, os seres humanos queiram reconhecer isto ou não.

Está escrito: *"apelando à razão e ao coração"*. Aquilo que o intelecto, a cabeça, absorve é falado e discutido pelos intelectuais. Apesar de tudo, alguma sementinha cai no coração deles. Quem absorve a palavra da vida com o coração, também a move no seu coração e faz com que imediatamente germine a boa semente, a vida.

Mas quem apenas quer compreender a palavra de Deus com o intelecto, terá que reconhecer mais tarde – talvez apenas após alguns golpes de destino – o que rejeitou com as suas dúvidas e com a sua arrogância intelectual. Terá que reconhecer que a semente, a palavra de Deus, dada a partir da cornucópia de abundância da vida através dos profetas e iluminados, teria lhe poupado de muita coisa.

Para a vida e o pensar dos seres humanos da Nova Era no Reino da Paz de Jesus Cristo, a medida será como Eu pensei, ensinei e vivi aquando Jesus de Nazaré. Deste modo, Eu estou muito perto deles. No espírito, eles irão Me saudar como seu irmão e Me aceitar e acolher como soberano do Reino de Deus na Terra.

Os Doze Mandamentos de Jesus

Os Doze Mandamentos de Jesus

A Bíblia da assim chamada Cristandade contém os Dez Mandamentos de Deus que Moisés trouxe à humanidade, e uma parte do ensinamento de Jesus de Nazaré.

Agora, através da palavra profética, Cristo explicou todos os aspectos importantes da Sua vida na Terra e do Seu ensinamento, que vai muito além do conteúdo da Bíblia.

Os seguintes Doze Mandamentos foram dados há dois mil anos para a humanidade por Jesus de Nazaré. São os mandamentos para o Reino da Paz nesta Terra em formação. São uma continuação dos Dez Mandamentos de Moisés, dados por Cristo, o Filho de Deus, o Redentor de todos os seres humanos e almas.

E Jesus disse-lhes: Eis, que vos dou uma nova lei, todavia que não é nova, mas sim antiga. Assim como Moisés deu os Dez Mandamentos ao povo de Israel segundo a carne, portanto, quero vos dar os Doze Mandamentos para o reino de Israel segundo o Espírito Santo.

Quem é este Israel de Deus? Todos aqueles de todos os povos e tribos que praticam a justiça, o amor e a misericórdia, e obedecem aos Meus mandamentos, estes são o verdadeiro Israel de Deus.

E levantando-se, disse Jesus:

Ouça, ó Israel, Jeová, o teu Deus é o Único. Eu tenho muitos videntes e profetas. Todos vivem e se movem e têm a sua existência em Mim.

Não deveis tirar a vida de nenhuma criatura por prazer, ou por seu proveito, e tampouco lhes atormentar.

Não deveis roubar os bens de um outro, nem juntar mais terrenos e riquezas para vós mesmos além do que necessitais.

Não deveis comer a carne nem beber o sangue de uma criatura morta, nem qualquer outra coisa que prejudica a vossa saúde ou a vossa consciência.

Não deveis casar-se de forma impura onde não haja amor e pureza, nem corromper a vós mesmos nem a qualquer criatura criada pura pelo Santo.

Não deveis dar falso testemunho contra o vosso próximo, nem enganar alguém deliberadamente com uma mentira para lhe prejudicar.

Não deveis fazer a outros o que não quereis que seja feito a vós.

Deveis adorar o Um, o Pai nos céus, de quem tudo provém e honrar o Seu Santo Nome.

Deveis honrar os vossos pais e mães que cuidam de vós, assim como todos os mestres justos.*

Deveis amar e proteger os fracos e oprimidos e todas as criaturas que sofrem injustiça.

Deveis trabalhar com as vossas mãos tudo o que é bom e devido. Portanto deveis comer os

---

* Cristo revelou: "honrar" significa aqui o mesmo que "respeitar"

frutos da terra, para que possais viver por longo tempo na terra.

Deveis purificar-vos todos os dias e no sétimo dia descansar do vosso trabalho, santificando o sábado e as festas do vosso Deus.

Deveis fazer aos outros o que quereis que os outros façam a vós.

Esta é a Minha Palavra A e Ω

O Evangelho de Jesus

A revelação de Cristo
que verdadeiros cristãos em todo
o mundo, entretanto, conhecem

Jesus de Nazaré não fundou uma religião. Ele não instalou padres ou pastores e tampouco ensinou dogmas, ritos ou cultos. 2000 anos atrás, Ele trouxe a verdade do Reino de Deus: Os ensinamentos do amor a Deus e ao próximo para com as pessoas, a natureza e os animais, o ensino da liberdade, da paz e da unidade. Ele falou do Deus de amor, do Espírito Livre – Deus em nós.

Na poderosa obra de revelação, "Esta é a Minha Palavra" – Alpha e Ômega", Cristo fala a partir do Reino de Deus por meio de Gabriele, a profetisa e emissária de Deus, sobre o passado, o presente e o futuro.

Na Sua obra, que é uma obra histórica, Ele se dirige a todas as pessoas para explicar o que Ele, em Jesus de Nazaré, ensinou, como a Sua vida tomou seu curso, e Ele mostra as correlações na grande obra de Redenção que tem a sua origem no Reino de Deus.

Um áudio CD está incluído no livro
com a eterna palavra do Reino de Deus
"A Chamada do Cristo de Deus" e "O Aparecimento"
dados através de Gabriele, a profetisa de Deus no nosso tempo
1096 pág., Capa dura, No. S 007PT, ISBN: 978-3-96446-012-7

Quem foi
Jesus de Nazaré

A sua infância
e juventude

Uma descrição da vida do menino e do jovem, Jesus, dito nas palavras do Cristo de Deus através de Sua profetisa e emissária, Gabriele:

"Quando criança, eu queria estar entre outras ciranças, mas fui rejeitado. Eu então busquei os meus companheiros entre os animais, e passei horas na natureza para conversar com os meus amigos – um besouro ou um outro animal. No meu coração, eu ouvi a resposta do animal. ..."

Este livro sobre Jesus descreve as lutas da sua alma, o seu amor aos animais e o começo dos seus anos de ensino – e toca os corações, sendo um símbolo para a humanidade.

48 pág., Capa comum, No. S 170PT, ISBN: 978-1-890841-72-0

Desde Abraão
Até Gabriele

A palavra dos profetas cumpre-se

Num grande arco, o autor ilumina a palavra eterna de Deus através de Seus profetas: desde Abraão de há 4000 anos até Gabriele hoje. A palavra do Reino de Deus que atravessa todos os milênios ininterruptamente nos dá a reconhecer o grandioso plano de Deus: o retorno de todos os seres caídos para a morada eterna do Pai.

80 pág., Capa comum, No. S 465PT, ISBN: 978-1-890841-64-5

Com prazer enviamos o nosso catálogo gratuito
com livretos de extratos gratuitos sobre diversos temas:

Gabriele Publishing House—The Word

EUA: P.O. Box 2221, Deering, NH 03244
Toll-Free No.: 1-844-576-0937
www.Gabriele-Publishing-House.com

Alemanha: Max-Braun-Str. 02, 97828 Marktheidenfeld
Pedidos Internacionais: +49 (0) 9391-504-843
www.Gabriele-Publishing.com